VALERY /
PLATTFORM 1 /
EXIL

Ein Projekt von
A project by Valérie Favre

KERBER ART   Galerie Pankow

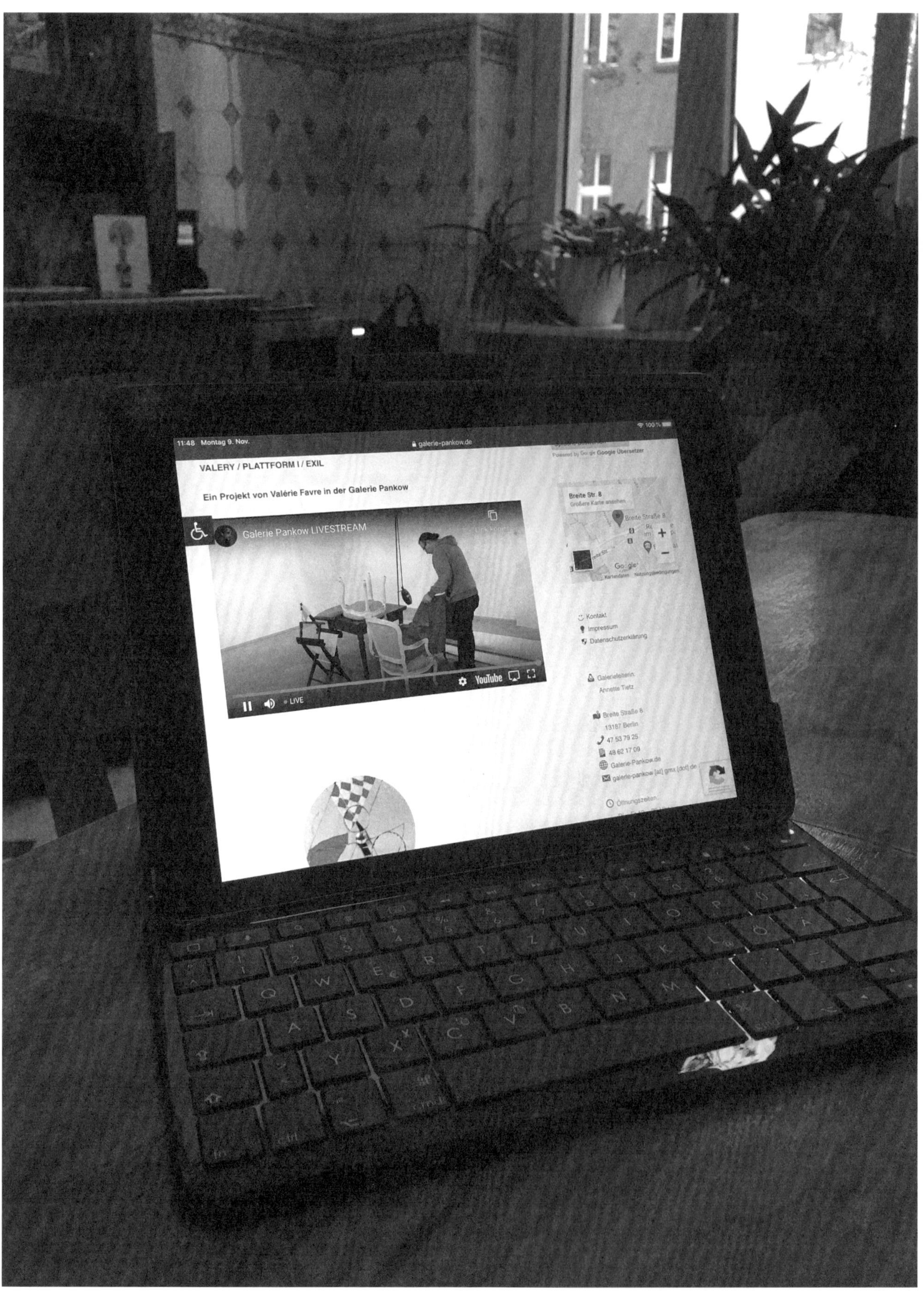

Streaming der Eröffnung in der Galerie Pankow, bedingt durch den Lockdown der zweiten Corona-Welle, Berlin, 12. November 2020

Streaming of the opening in the Galerie Pankow due to the lockdown of the second corona wave, Berlin, 12 November 2020

Inhaltsverzeichnis   Index

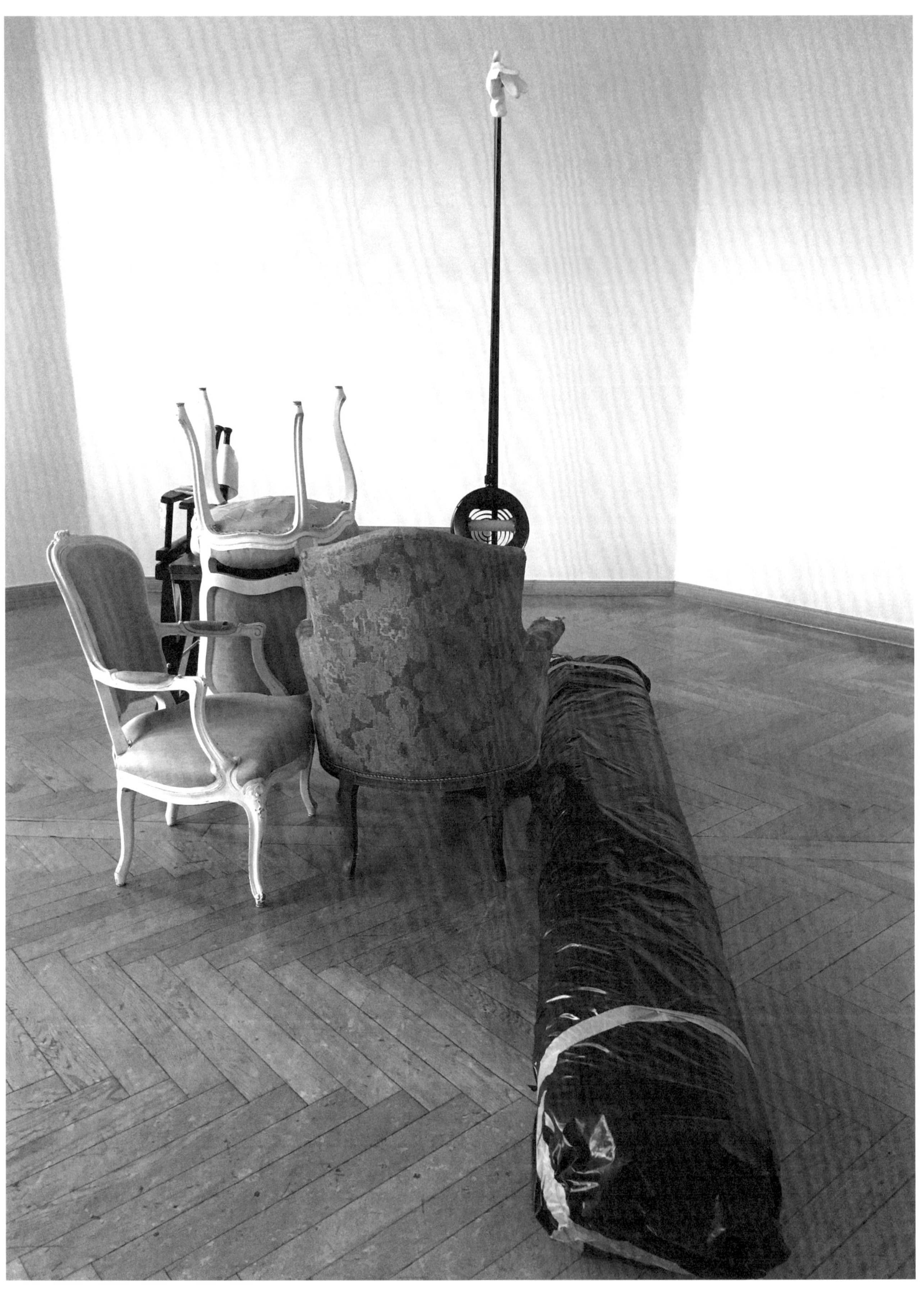

Eröffnung, Galerie Pankow, Wohnzimmermöbel von
Valérie Favre, Berlin, 12. November 2020

Opening of the exhibition, living room furniture of
Valérie Favre, Galerie Pankow, Berlin, 12 November 2020

Annette Tietz

Das Exil – seit Jahrhunderten Teil unserer Zivilisations- und Kulturgeschichte – ist in unserer Gegenwart als Begriff wie als Phänomen nach wie vor von hoher Aktualität. Die Künstlerin Valérie Favre, mit französischer und Schweizer Staatsbürgerschaft in Berlin lebend und arbeitend, setzt sich in der Ausstellung VALERY / PLATTFORM 1 / EXIL aus künstlerischer Perspektive mit dieser hochkomplexen Thematik auseinander. Dabei werden die Räume der Galerie Pankow zur Plattform eines künstlerischen Austauschs, der verschiedene Betrachtungsebenen ermöglicht.

Zusammen mit anderen ‚nomadischen Künstler*innen' richtet Valérie Favre eine neue Perspektive auf das Thema und markiert zugleich den Kontrast zu all jenen Menschen, die aus politischen, religiösen oder/und ökonomischen Gründen fernab ihrer Herkunftsländer leben müssen. Das Exil in seinen vielfältigen Aspekten und Erscheinungsformen wird durch künstlerische Strategien und Ausdrucksmittel erforscht – als universale Erscheinung, als Moment des Ephemeren, als eng mit der Sprache verbundenes Problem, als persönlich-individuelle Frage, als Extremfall von ‚Heimatlosigkeit'.

Valérie Favre tritt dabei in einen Dialog mit eingeladenen Künstler*innen und Philosoph*innen. Zugleich hinterfragt sie mit dem Projekt gängige Konventionen der Ausstellungspraxis. Stattdessen schafft sie eine Bühne für Künstler*innen und Theoretiker*innen in einer sich stetig weiter entwickelnden Ausstellung unter Berücksichtigung der Aspekte Zeit, Zufall, Räumlichkeit und Autorschaft.

Annette Tietz

Exile—for centuries part of our civilisation and cultural history—is still very topical in our present day as a concept and as a phenomenon. In the exhibition VALERY / PLATTFORM 1 / EXIL, the artist Valérie Favre, with French and Swiss citizenship, living and working in Berlin, deals with this highly complex topic from an artistic perspective. The rooms of the Galerie Pankow become a platform for artistic exchange that enables different levels of observation.

Together with other 'nomadic artists', Valérie Favre provides a new perspective on the topic and at the same time marks the contrast with all those people who have to live far away from their countries of origin for political, religious and/or economic reasons. Exile in its diverse aspects and manifestations is explored through artistic strategies and means of expression—as a universal phenomenon, as a moment of the ephemeral, as a problem closely related to language, as a personal and individual question, as an extreme case of 'homelessness'.

Valérie Favre enters into a dialogue with invited artists and philosophers. At the same time, with the project, she questions common conventions of exhibition practice. Instead, it creates a stage for artists and theoreticians in a constantly evolving exhibition, taking into account the aspects of time, chance, space and authorship.

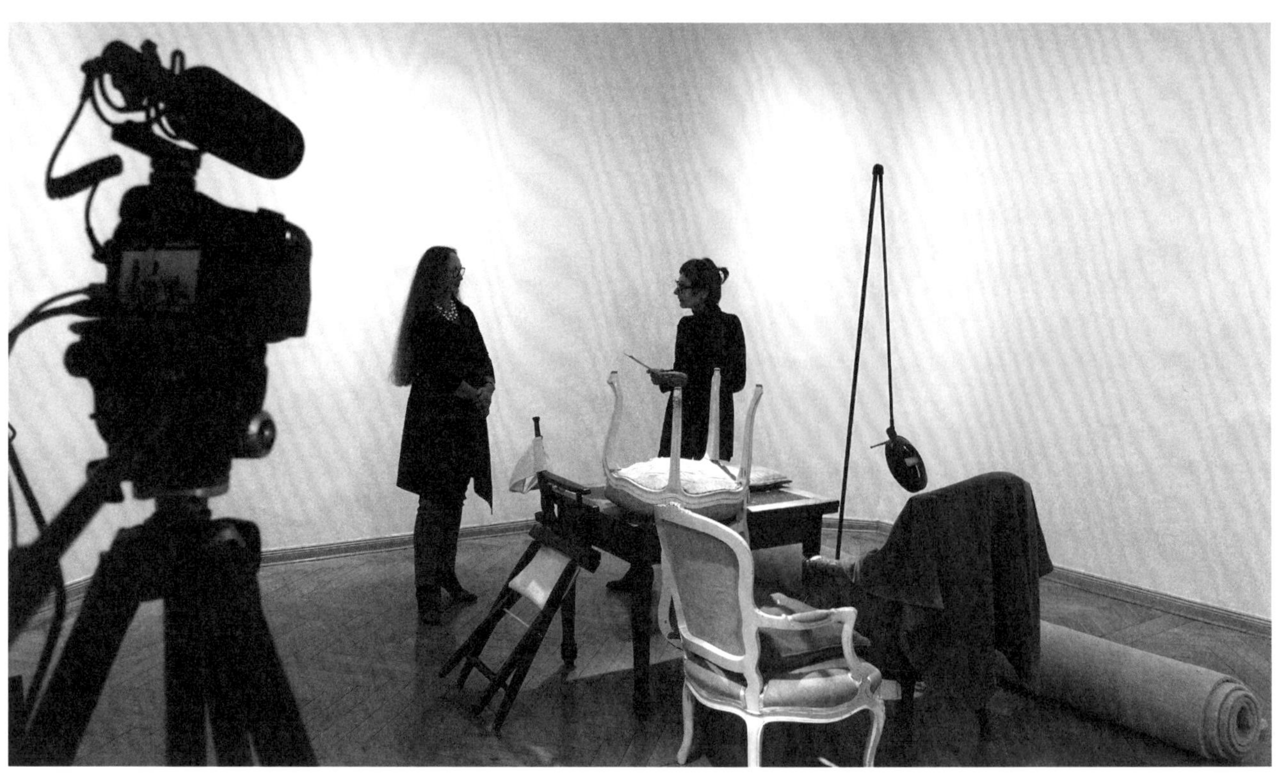

Eröffnungsrede, Galerie Pankow, Berlin,
12. November 2020

Opening speech, Galerie Pankow, Berlin,
12 November 2020

General

vielen Dank für die Einladung.

① ich wollte diesmal eine andere Projekt
als nur Bilder in wand zu hängen,
eine Eröffnung gemeinsam, Feier und
dann zurück in Studio.

③ Was mich interessiert ist die "Entwicklung"
von der ersten Idee bis zum Ende der
Erschöpfung. Besonders auch der Prozess
der künstlerisch Entscheidung / ~~ich wollte ein~~ ich wollte eigentlich
ein leer Ausstellung am die erste Tag zeign
— Für diese Ausstellung habe ich mich auch
auf mein Vergangenheit verlassen, nämlich
— meine Reisen von einem Land in ein
anderes, um diese Kunst der Malerei
zu verstehen.
um diese Fragen besser zu untersuchen,
habe ich einige Künstlerinnen und
Künstlern gefragt, die genau wie ich nicht
von hier kommen, um mit mir darüber zu
Discutieren.

~~ich wollte~~ Eine Ausstellung realisieren, die nicht
am Eröffnungstag endet sondern
② sich im Gegenteil von Tag zu Tag
entwickelt

warum bewegen wir uns
für welche Uhrsachen sind
wir bereit eine Quelle zu verlassen
— um was zu gewinnen?

wir wieder unsere, die N...   er...

Nuances zu erkunden

Ich habe eine unwarscheinliche Parallele
gemacht, indem ich ein grossen Bild gemalt
habe das einen imaginären kosmos darstellt
gemalt.

Es nimmt ein ganzer wand wie eine ART
von Fenster in der unendlich

Ein pensée , für unseren zerbrechlichen
Planeten der uns beheimatet

uns beschütze unsere ...
lichkeit. Vielleicht sind auch wir
im universum im Exil.
Besonderen   wenn etwas bei uns
schiff laufen sollten ?!

de 3 Teil der Ausstellung

— kom zurück auf die ...
Künstlerinnen/Künstler...
die ich an ... ... die
Zikit
Asana ~~Toshi~~ FUJIKAWA
Drisi OshaJähi

Ama Shapiro
Robert Gober
und

Vana KARATZOUNAS
von ihre Studio
ich bat sie mit einem ihrer Werke zu
kommen, und zeige sie in den Räumen
mit Hilfe der Zuchtstäti / La Poulinière /

Wie bei der Entwicklung einer Idee
das Zuchtstuaobjekt / La poulinière /
gibt der Begriff der Wahl und des Zufalls zu
Platz des ...
~~...~~ ... ...
mit der Hilf des Glück Rad', wird entscheiden
wo und wie lange kann diese Werk in
der Ausstellung bleiben,

dokumentieren auf humorvolle Weise
aber vielleicht doch nicht? der Entscheidungsprozess

Entscheidend. (Kein sorge, gibt es
scheiben
Rolle, die sehr viel teil gibt und
wieder die wir einen paar stunden
~~sind~~ ~~in~~ ~~das~~ für die hängung)   IV

Teil der Entwiklungserfahrung
ist auch eine Tafel deren Kreide-
Zeichnungen, regelmässig gelöschte
Werden

Die Podlinière spielt wieder eine
. Rolle –
Die Unterlegscheiben geben mir die
ausführenden Themen und die Dauer an.

~~die~~ position den Ausstellungstu-
schauers der je nach Tag
nie dieselbe Ausstellung sehen
~~wird~~ (das war vor Lorona ...

– der letzte Raum zeigt ein vitrine
~~Ober~~ mit der Geschichte der
" Podinière " und ihre Dokumentation
                    von Paris 1989
Das war eine Antwort auf die Ready
made von M.D. " le mètre étalon "
                (Pferdelängst)

ein Reißack Paulinière ist auch gezeigt.

— Aber Zu bienden in einige Minuten
öffen wir das erste teil "Bureau des
Suicides" in Anwesenheit von Giladine
Spiekerman und Thomas Nacho

Eine Improvisation des Austauschs zwischen
uns zum Thema Selbstmord, hoffe ich aus
verschiedene Blickwinkel
Meine Wohnzimmermöbel werde jetzt
installiert !

Noch Herzlichen Dank an die ganze
Galerie Parkow Team — Fantastik
Zusamen arbeit
besonders in diesen komplex teit

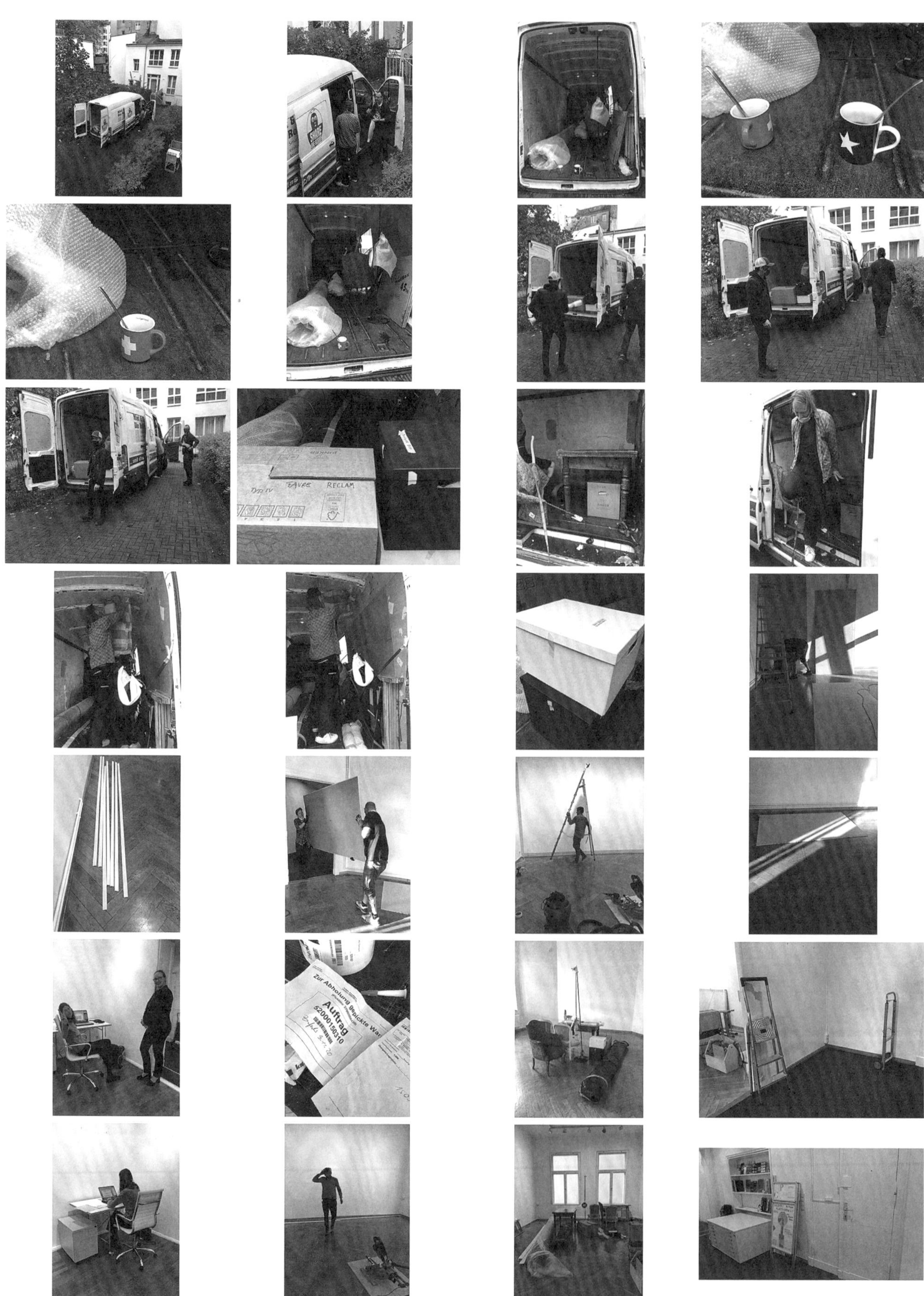

Transport und Aufbau der Ausstellung,
VALERIE/PLATTFORM 1/EXIL, Galerie Pankow,
Berlin, 2020

Transport and construction of the exhibition
VALERIE/PLATTFORM 1/EXIL, Galerie Pankow,
Berlin, 2020

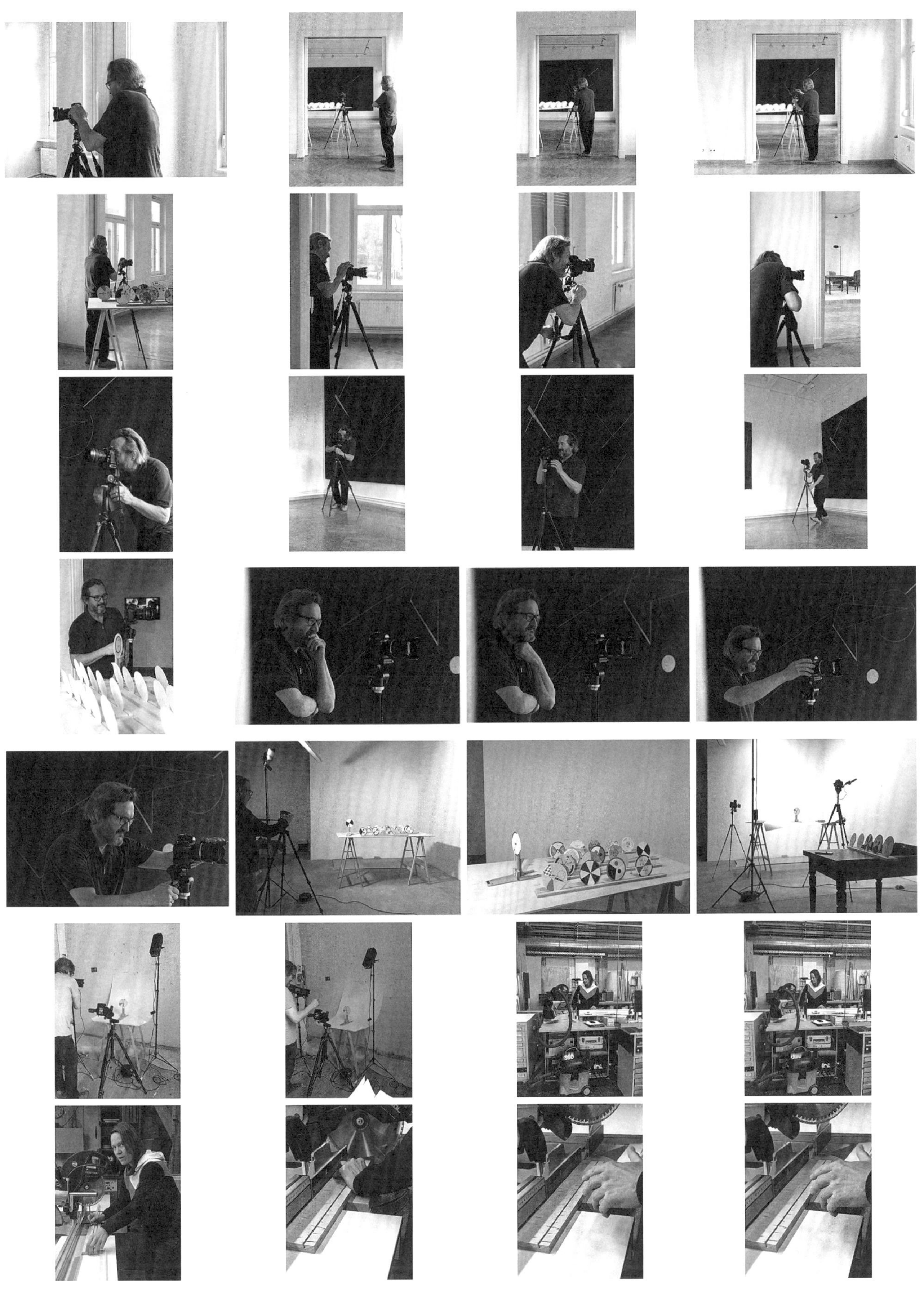

Vorbereitung, Aufbau und Dokumentation der
Ausstellung VALERIE/PLATTFORM 1/EXIL, Berlin, 2020

Preparation, construction and documentation of the
exhibition VALERIE/PLATTFORM 1/EXIL, Berlin, 2020

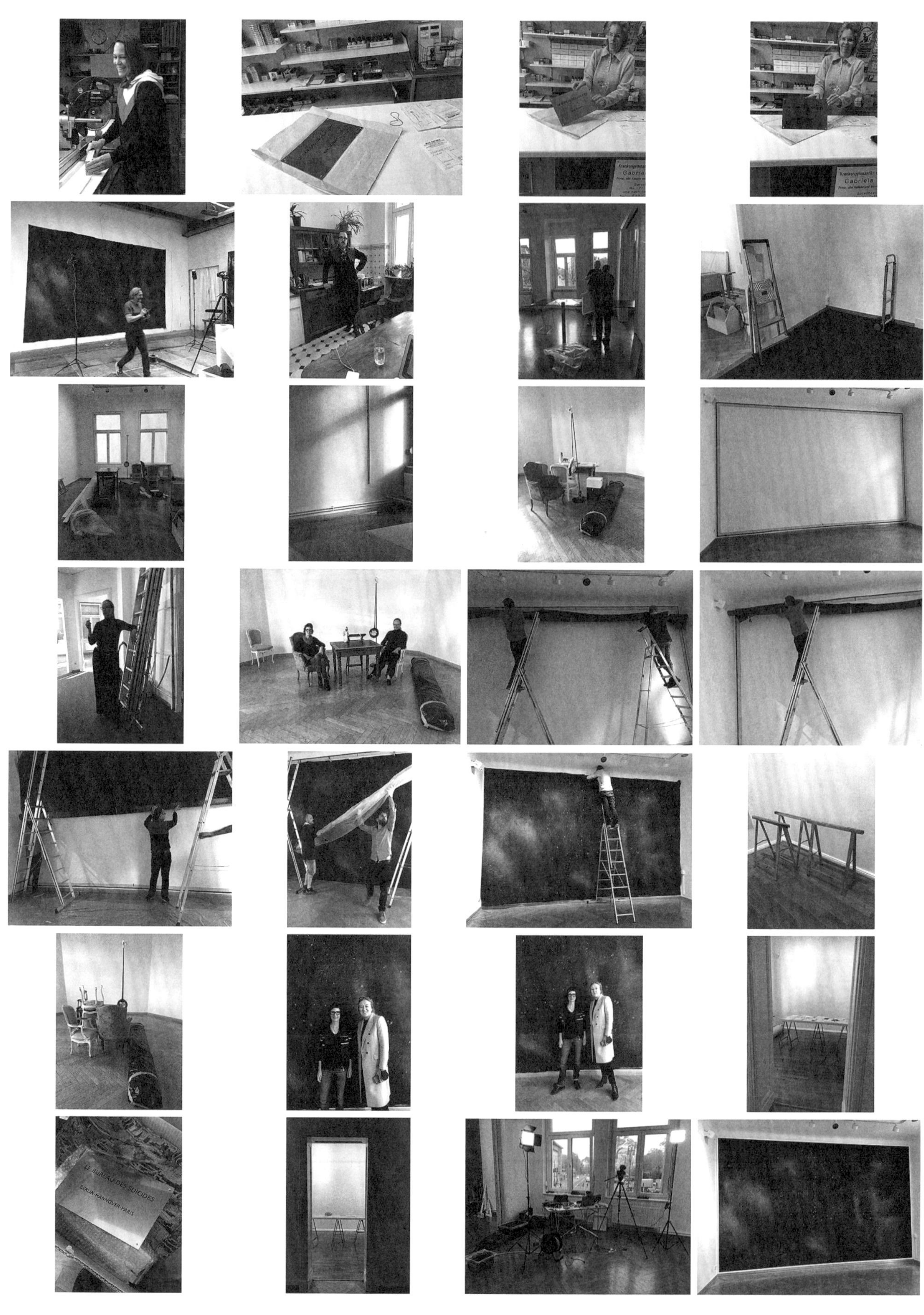

Aufbau der Ausstellung, VALERIE/PLATTFORM 1/EXIL,
Galerie Pankow, Berlin, 2020

Construction of the exhibition VALERIE/PLATTFORM 1/
EXIL, Galerie Pankow, Berlin, 2020

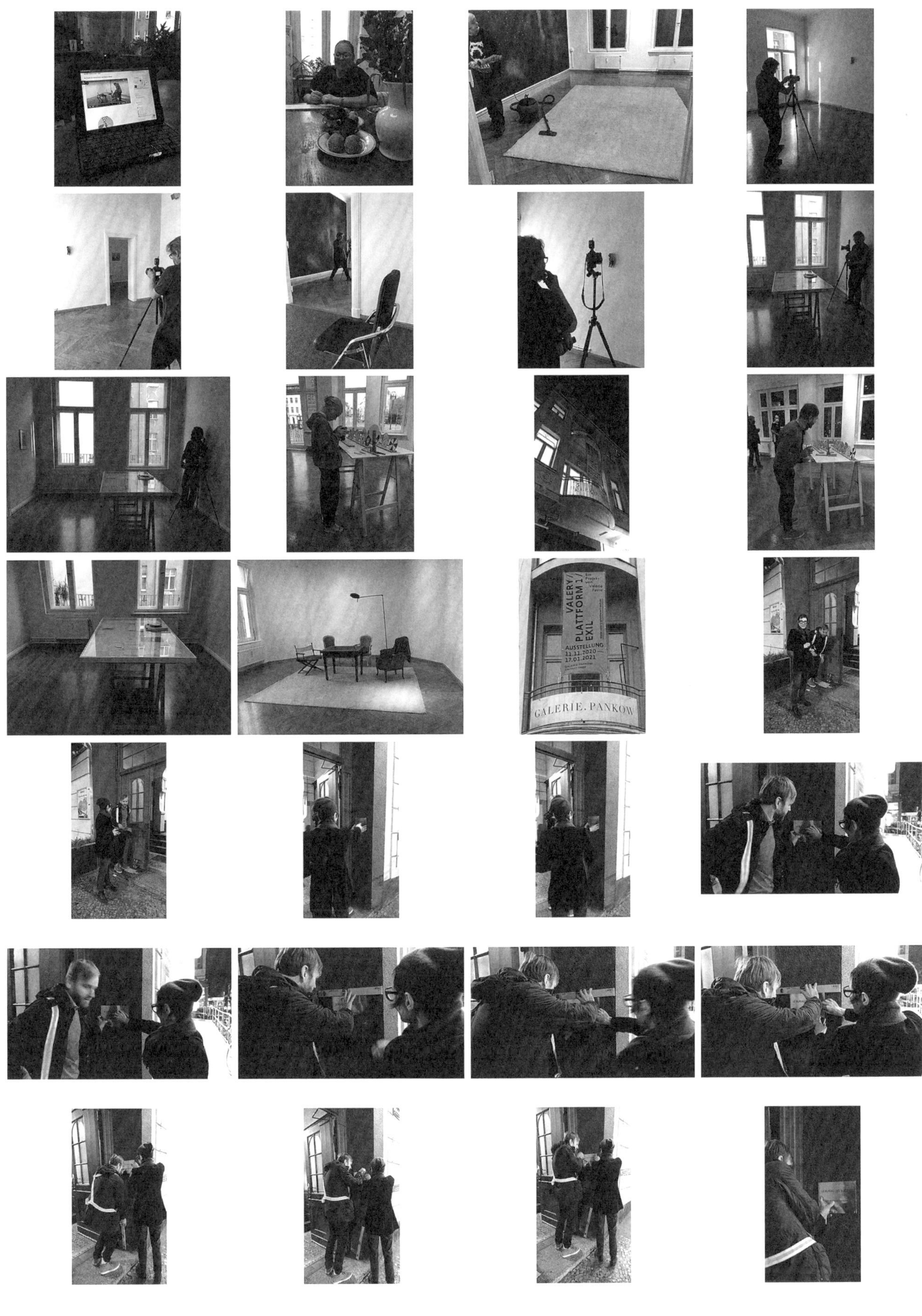

Aufbau der Ausstellung, VALERIE/PLATTFORM 1/EXIL,
Galerie Pankow, Berlin, 2020

Construction of the exhibition VALERIE/PLATTFORM 1/
EXIL, Galerie Pankow, Berlin, 2020

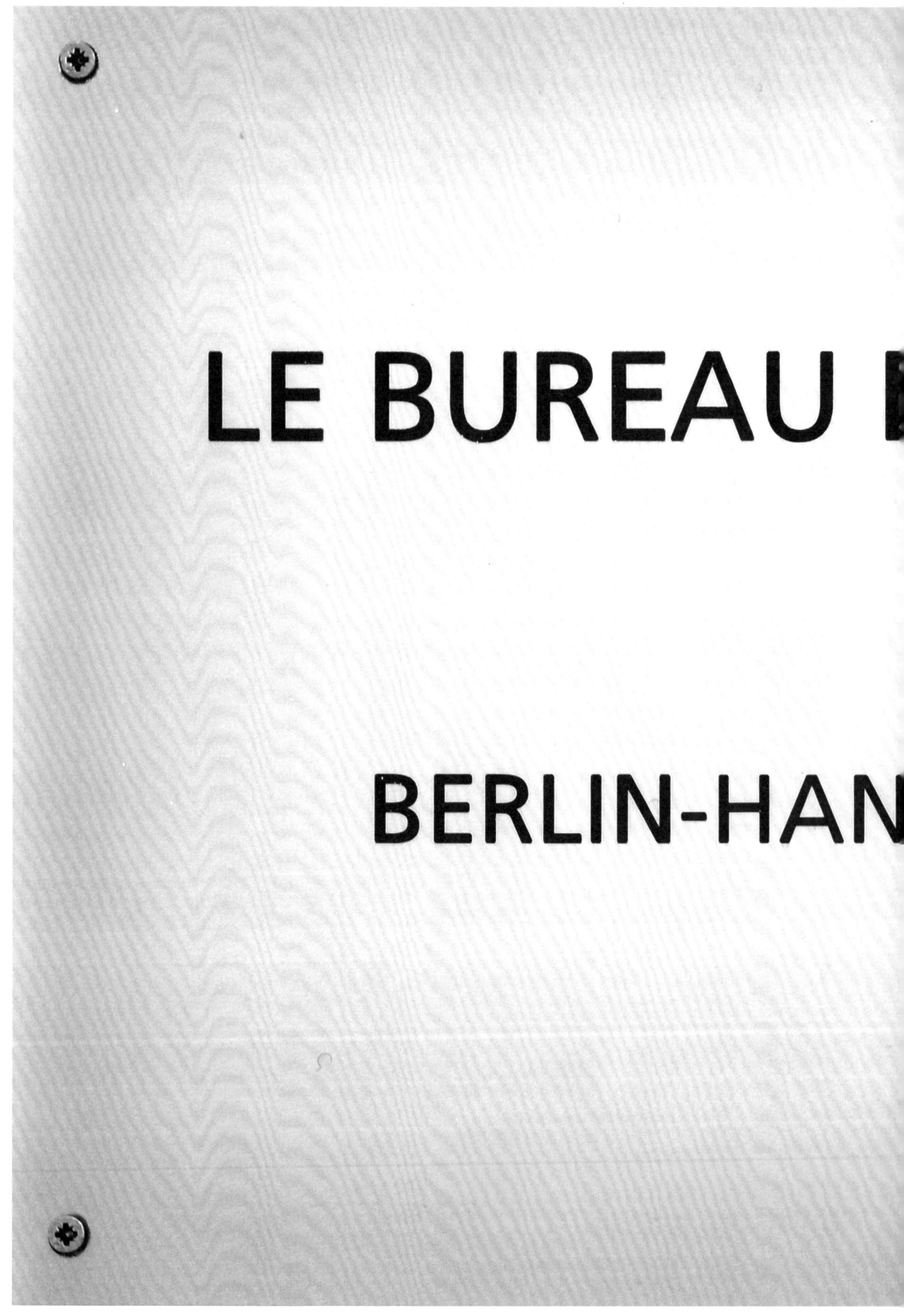

Favre: Das Bureau des Suicides ist eine Hommage an das Leben.

Favre: The Bureau des Suicides pays homage to life.

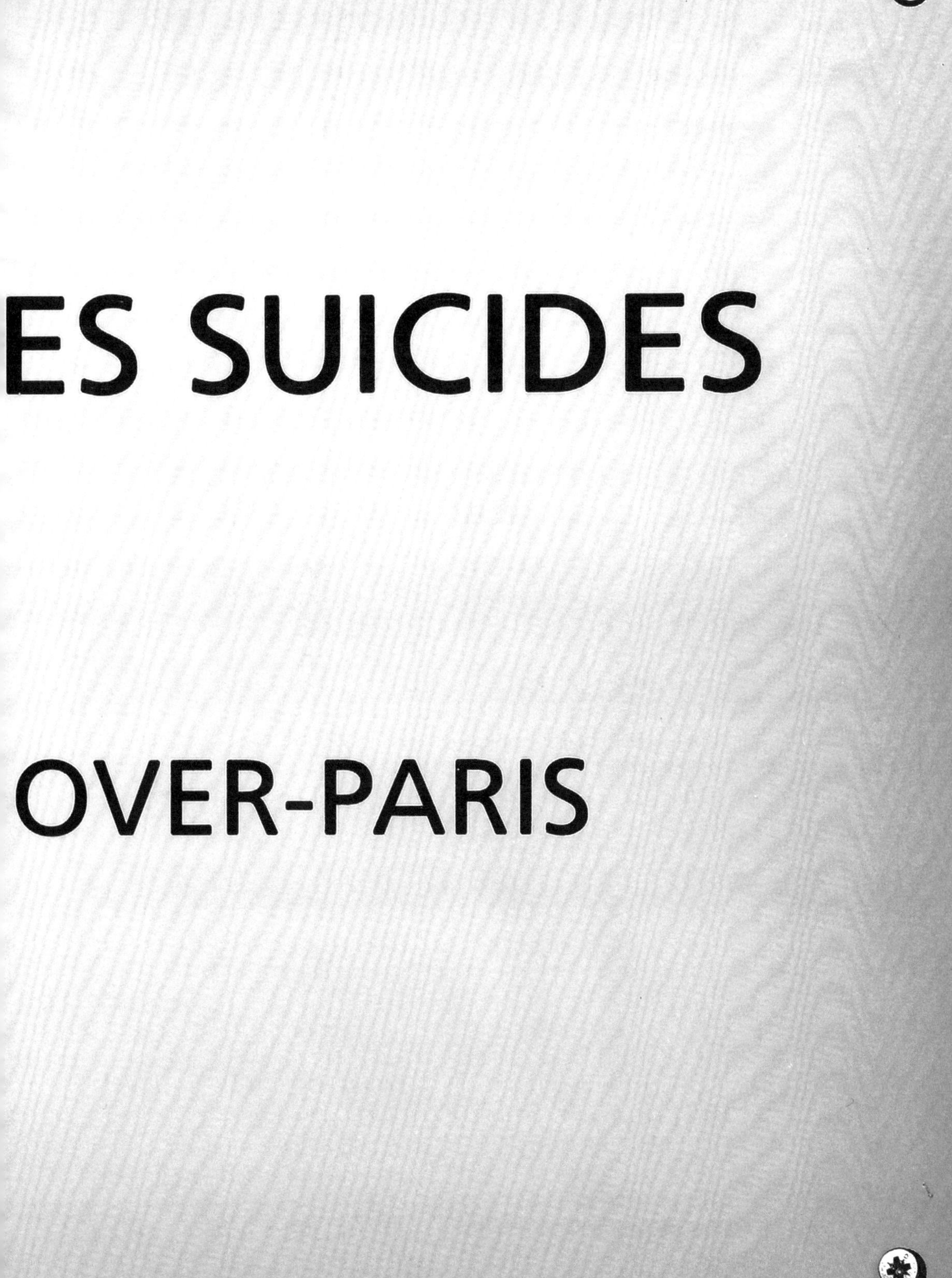

Eingangsschild „Bureau des Suicides", Galerie Pankow, Berlin, 12. November 2020

Entrance sign "Bureau des Suicides", Galerie Pankow, Berlin, 12 November 2020

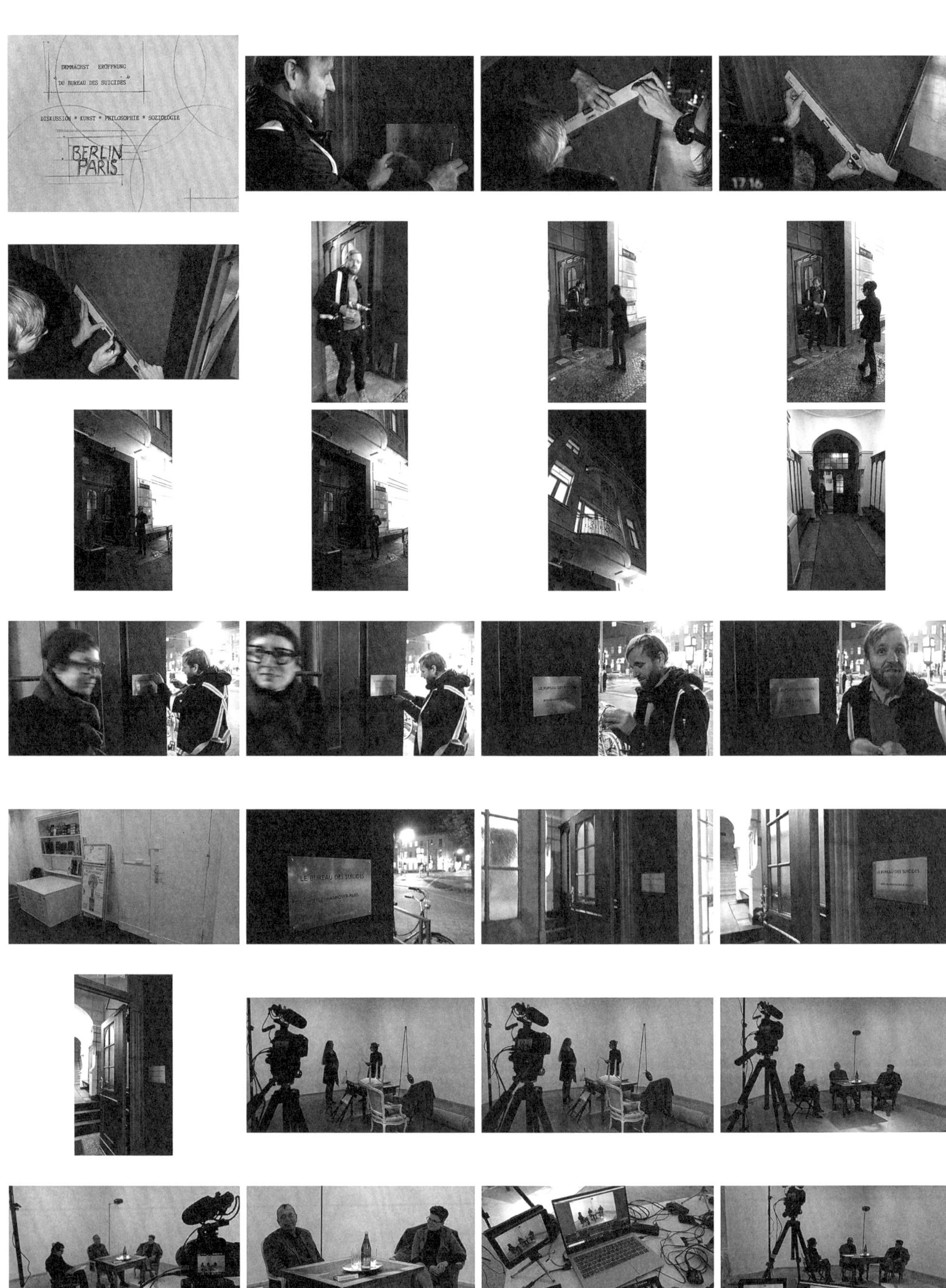

Macho: Künstlerinnen und Künstler, Schriftstellerinnen und Schriftsteller, Malerinnen und Maler haben nach statistischen Kriterien ein sehr hohes Suizidrisiko. Aber das hat nicht den Grund, dass sie alle Grenzgängerinnen und Grenzgänger oder psychisch labile Persönlichkeiten sind, sondern es hat eher etwas damit zu tun, dass sie gelernt haben, das Leben selbst auch als Kunst zu sehen. Und wenn man sein Leben wie ein Kunstwerk sieht, dann muss man es eben auch vollenden.

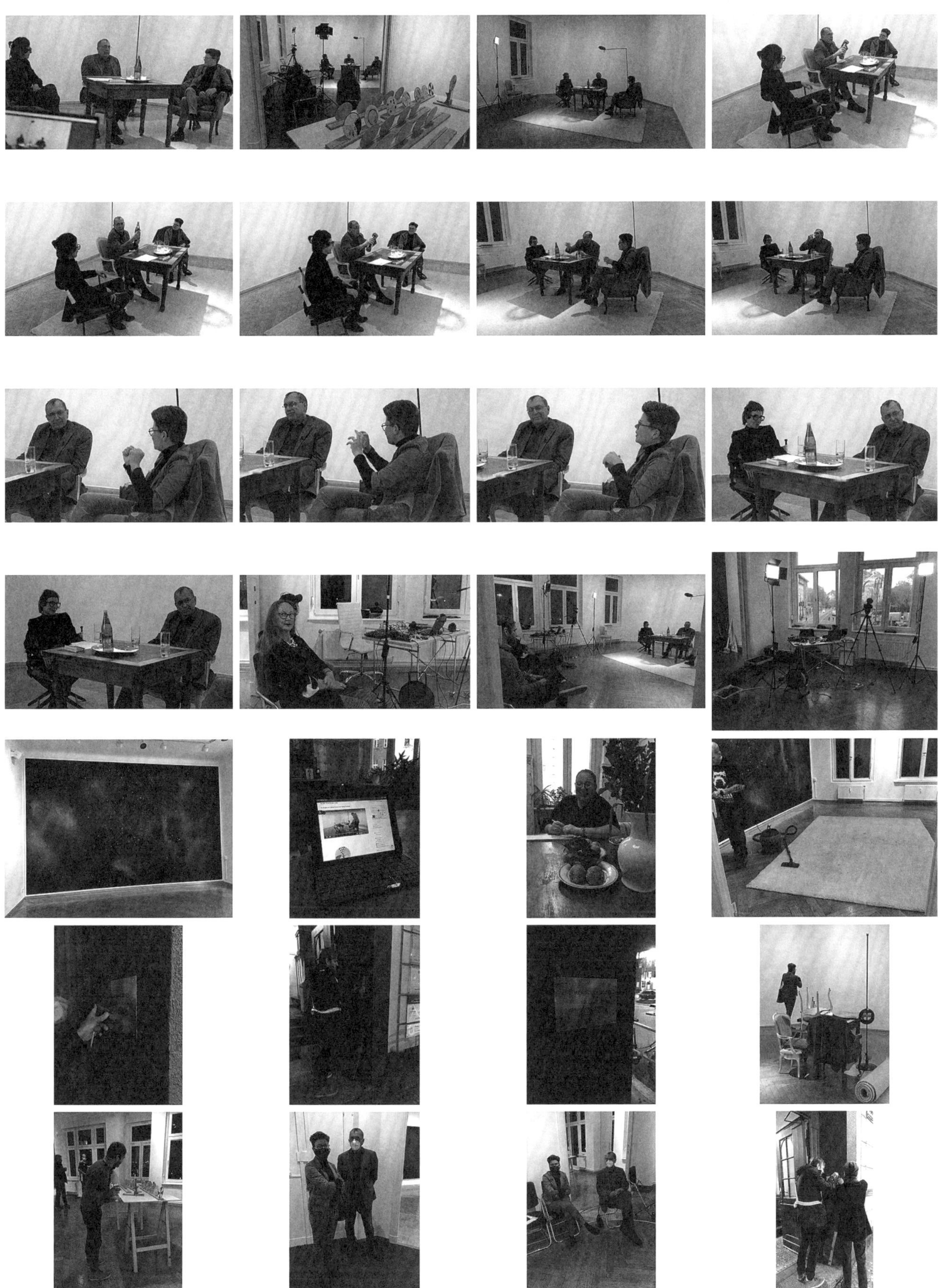

Macho: According to statistical criteria, artists, writers and painters have a very high risk of suicide. But that is not because they are all border crossers or mentally unstable personalities, rather it has something to do with the fact that they have learned to see life itself as art. And if you see your life like a work of art, then you have to complete it.

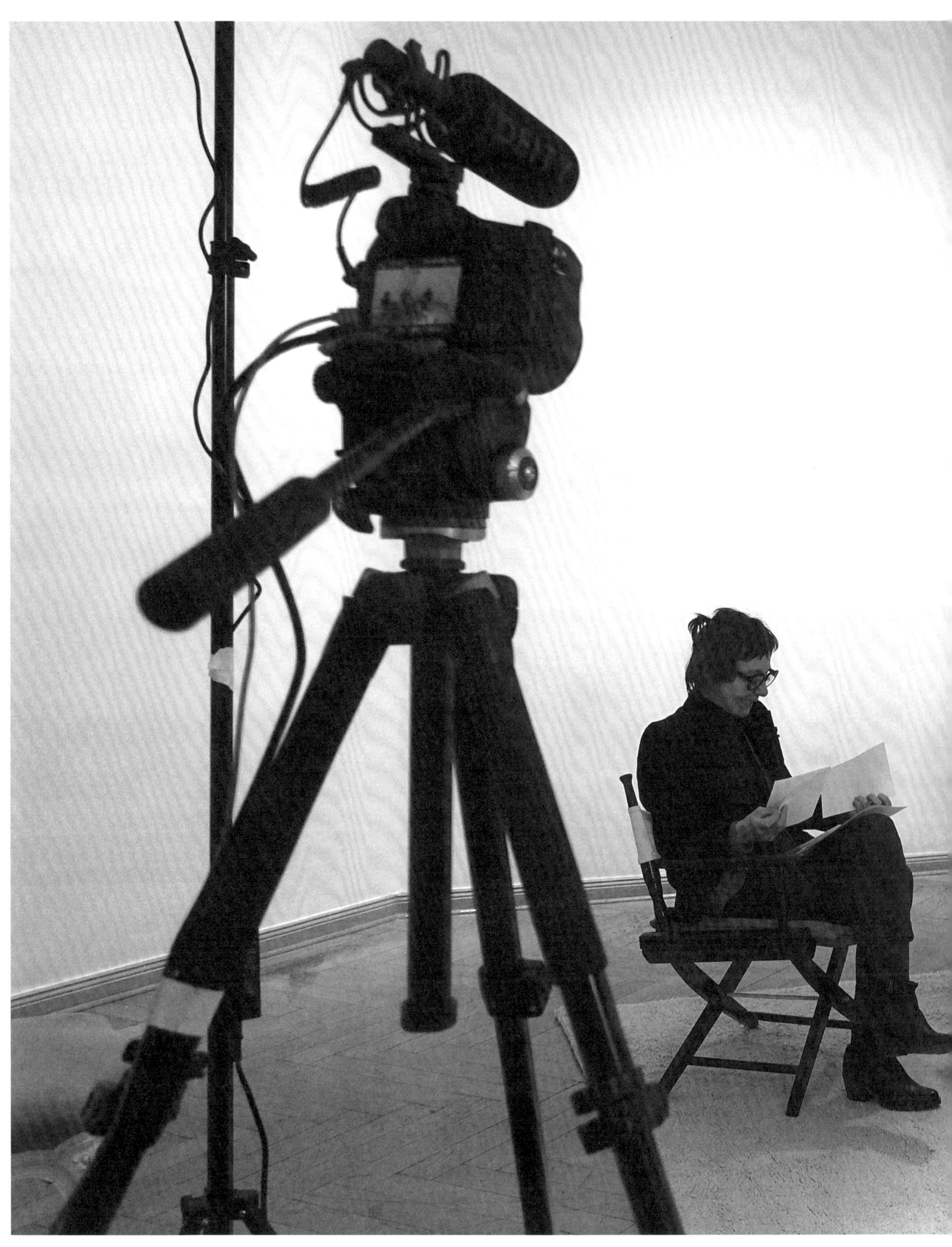

„Bureau des Suicides" mit Geraldine Spiekermann,
Thomas Macho, Valérie Favre, Galerie Pankow, Berlin,
Streaming-Set, 12. November 2020
Spiekermann: [In Referenz an] Novalis' „Der Tod ist
aller Leben Anfang" – Sobald man geboren wird, ist
die nächste Gewissheit, dass man sterben wird –
man weiß nicht wann, aber man weiß, dass das die
nächste Gewissheit ist. Man kann sich natürlich
fragen, inwieweit man als Künstler selber den Tod
unter Kontrolle bringt, der ja […] überrascht und
die Kontrolle übernimmt – und wenn man als Künstler
den Suizid wählt, übernimmt man dann selber die
Kontrolle wieder?

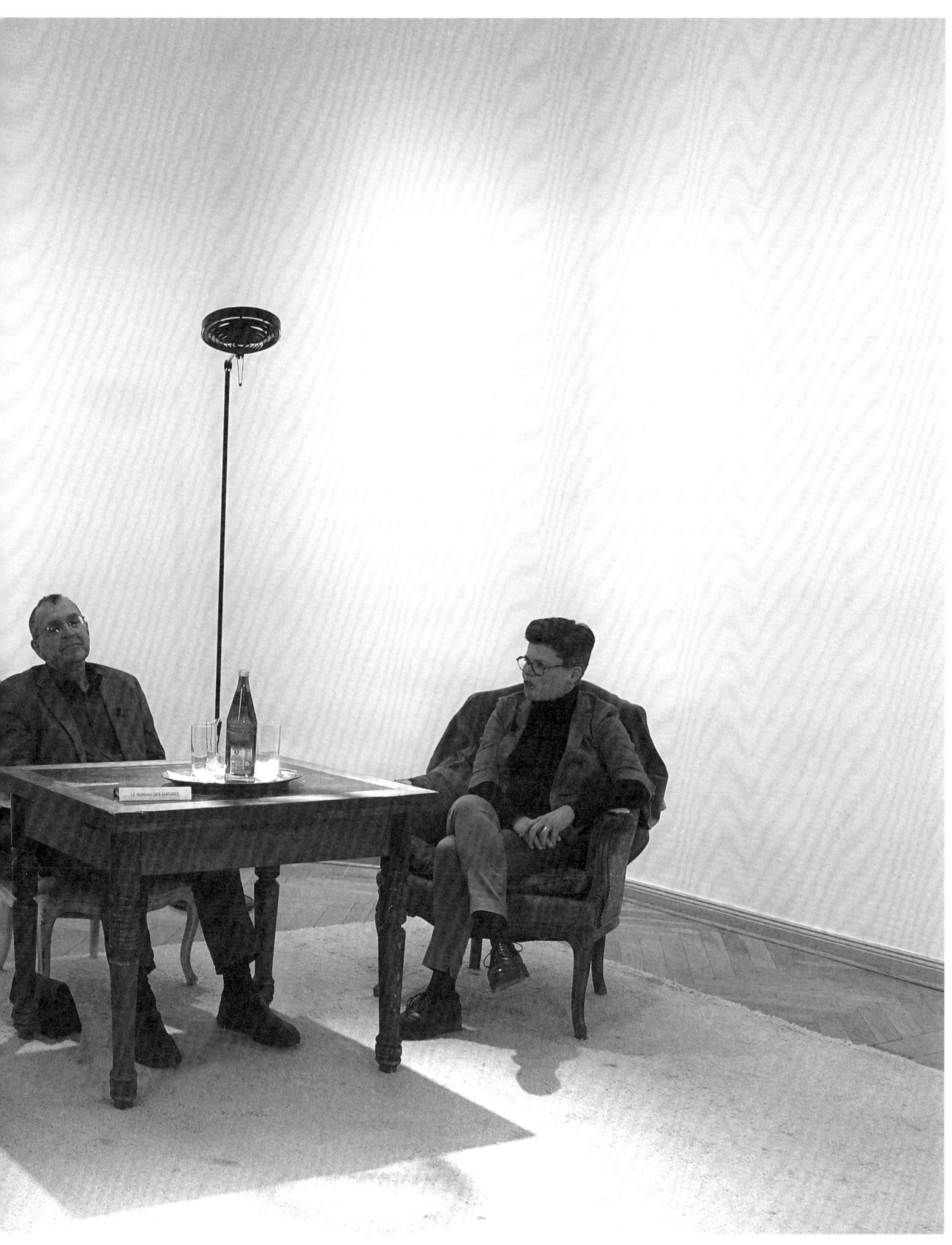

"Bureau des Suicides" with Geraldine Spiekermann,
Thomas Macho, Valérie Favre, Galerie Pankow, Berlin,
Streaming-Set, 12 November 2020
Spiekermann: [With reference to] Novalis' "Death
is the beginning of all life"—As soon as one is
born, the next certainty is that you will die—you
don't know when, the next certainty is that you will
die. Of course, you can ask yourself to what extent
you as an artist bring death under control, which
surprises […] and takes control—and, if you, as an
artist, choose to commit suicide, do you take back
control yourself?

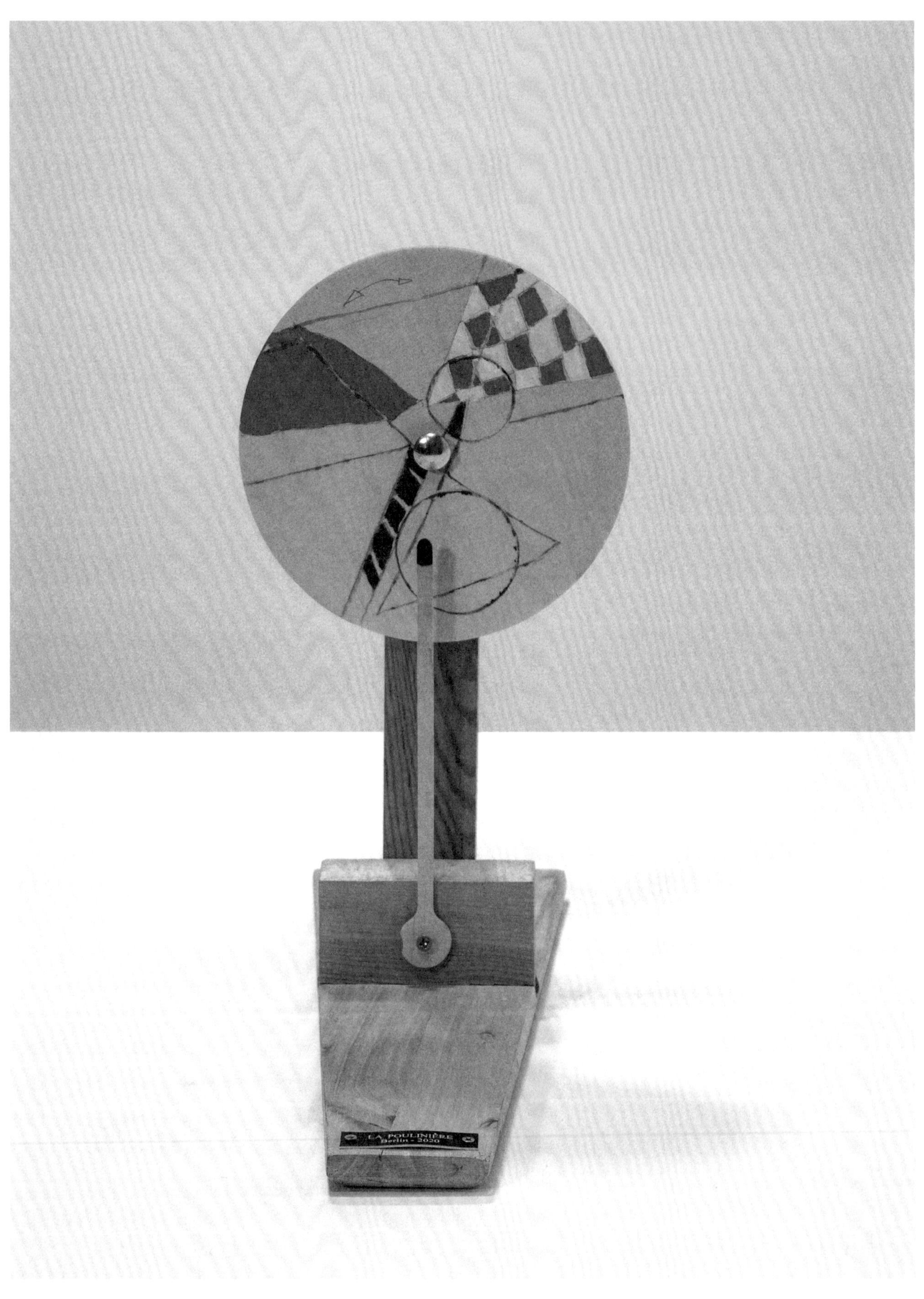

La Poulinière, Berlin, 2020

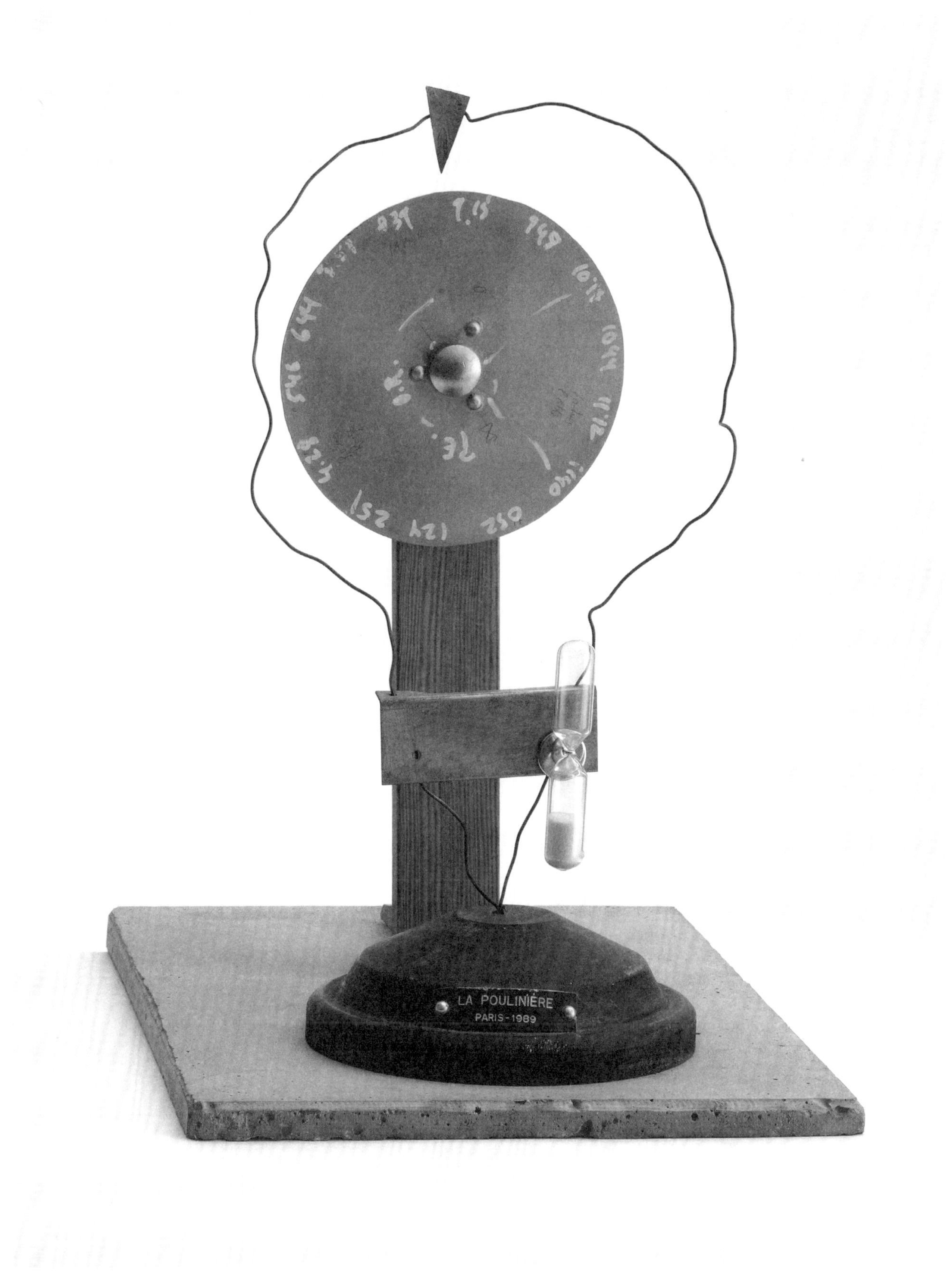

La Poulinière, Paris, 1989

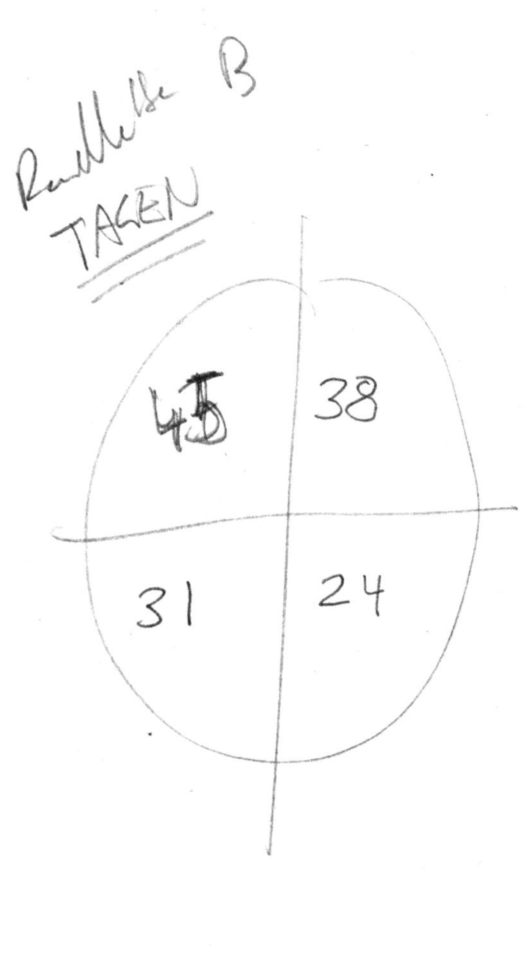

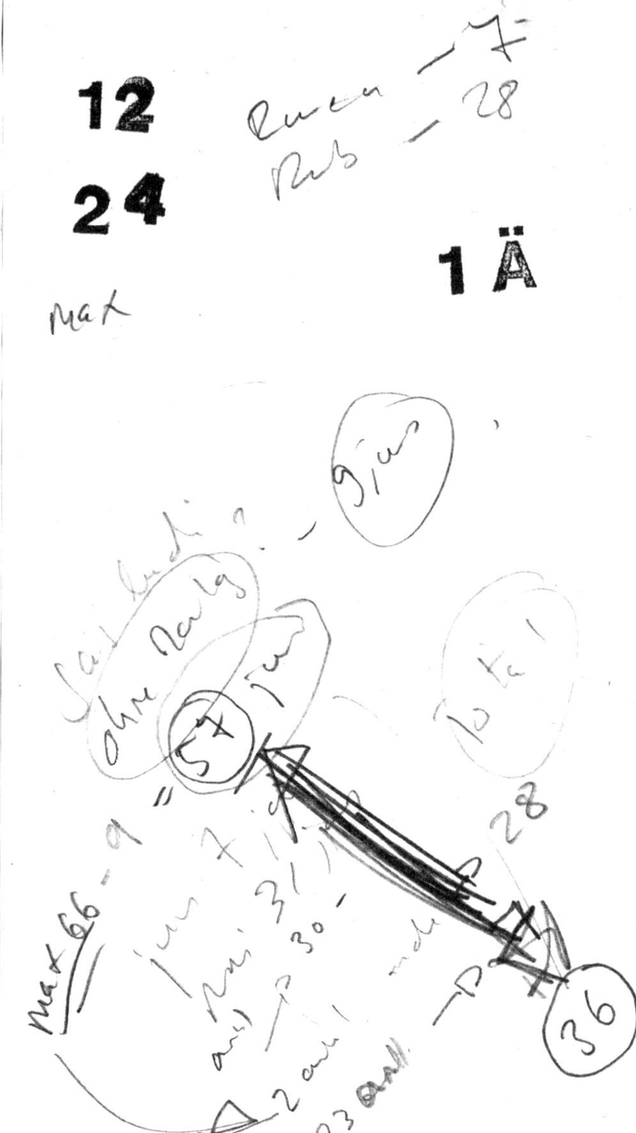

Valérie Favre, Skizzen zur *La Poulinière*, Notizbuch, 2020

Valérie Favre, sketches for *La Poulinière*, notebook, 2020

La Poulinière – Der Arbeitsprozess als Werk

Angela Lammert

Weiße geschwungene Linien eines Skeletts auf schwarz gewölkten Partien einer einfachen Holzscheibe zwischen den Alternativen JA und NEIN, die in diagrammatischen Segmenten von einem kreisrunden, grün und weiß gezogenen Außenrand eingefangen sind. Oder vier präzis mit schwarzer und weißer Farbe bedeckte Kreissegmente, deren dunkle Partien mit Paarzeichen markiert sind und jeweils neben einem hellen unbeschriebenen Pendant liegen. Auch hier gefasst durch einen farbigen Randstreifen: einem klaren Rot und einem gedeckten Grün. Zahlen für Zeitintervalle, Tag- und Nachtversionen, königsblaue Rotationsschleifen und gefüllte Kreise, kontrastiert mit einem weißen Rund. Farbmöglichkeiten – gedecktes Ocker, bleiches Gelb, lichtdurchflutetes helles Blau – „sprengen" in ihren geometrischen wie mit dem Lineal oder Zirkel gezogenen Formen die Kreissegmente. Begriffe wie Poesie, Körper, Start oder Ende sind auf den Scheiben zu lesen. Man kann bewusst flüchtig gezogene Unterteilungen nachvollziehen, in deren Mitte der Tod seine zarten Hände nach oben hebt. Oder eine Kreisscheibe fungiert als Kompass, als geheimnisvoller Ort, an dem es nur den Osten, Süden oder Norden gibt – keinen Westen. Oder sie erscheint gar wie ein Hamsterrad, indem die Vorder- und Hinterbeine eines zum Galopp gewinkelten Pferdeweibes gemalt sind, deren längliche Bauchform in zartem Orange den grünen Außenrand des Kreises aufnimmt. Je intensiver man auf die handlichen, leicht hergestellt

La Poulinière—The work process as a work

Angela Lammert

White, curved lines of a skeleton on black, cloudy sections of a simple wooden disc between the alternatives YES and NO, which are captured in diagrammatic segments by a circular outer edge wrought in green and white. Or four circle segments covered precisely with black and white paint, the dark sections of which are marked with pair characters and lie respectively next to a bright, blank counterpart. Here too, framed by a colourful edge, a clear red and a subdued green. Figures for time intervals, day and night versions, royal blue rotation loops and filled circles, contrasted with a white circle. Colour possibilities—subdued ochre, pale yellow, bright blue flooded with light—"burst" the circular segments in their geometrical forms, which look as if they have been drawn with a ruler or compass. Terms like poetry, body, start or end can be read on the discs. One can consciously comprehend hastily drawn subdivisions, in the middle of which death raises its delicate hands upward. Or a circular disc serves as a compass, as a mysterious place where there is only east, south or north, but no west. Or it even appears like a hamster wheel, in that the front and hind legs of a mare, angled in a galloping position, are painted, its elongated abdominal form taking up the green outer edge of the circle in delicate orange. The more intensively one looks at the manageable, seemingly easily manufactured turntables, the more surprisingly do the rotating details and the expressive, nuanced and gentle

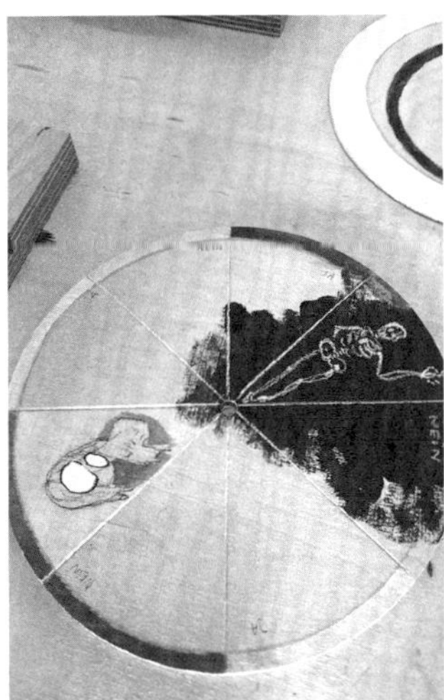
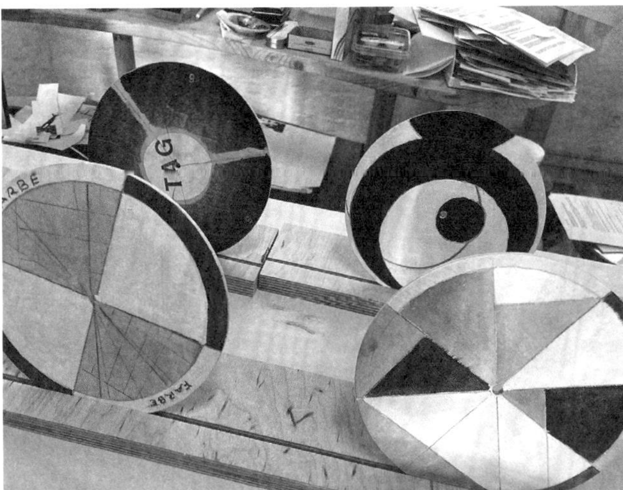

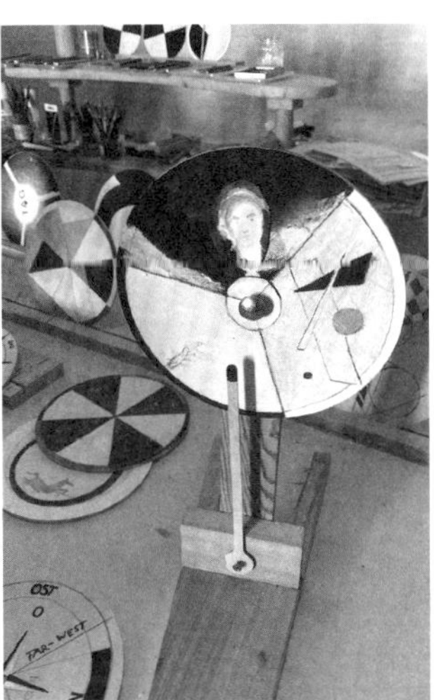

Entwicklung der *La Poulinière*,
Atelier Valérie Favre, Berlin, 2020

Development of *La Poulinière*,
studio Valérie Favre, Berlin, 2020

wirkenden Drehscheiben schaut, umso überraschender öffnen die sich kreisenden Details und der expressive, nuancenreiche und zarte Auftrag der Gouachefarben eine poetische „Welt der Wahl" – die Welt der *La Poulinière*.

Die *La Poulinierès* sind Malwerkzeuge und Malregeln zugleich. Valérie Favre spricht von Zufall, von Spielregeln. Sie hat sie selbst aufgestellt, um Handlungsoptionen für den Arbeitsprozess für sich und andere zu strukturieren und zu grundieren. Durch das Drehen der bemalten Holzscheibe zeigt der Pfeil wie beim Glücksrad an, wie lange die Ausführung der so gewählten Option dauern soll oder welche Farbwahl vorgegeben ist. Am Ende der 1980er-Jahre war die Arbeit mit der *La Poulinierè* für die Künstlerin Auftakt eines konzeptuellen Malprinzips. Es war gewissermaßen ihr Ausweg aus dem Bedürfnis, physisch und verschwenderisch mit dem Pinsel in die Farbe zu tauchen und sich dem Trend in der zeitgenössischen Kunst entgegenzusetzen, indem sie die Malerei durch den Diskurs und das Wort ersetzt und das Werk ins Installative, Zufällige und Funktionale rückt. Der Begriff *La Poulinière* ist nicht zufällig gewählt, sondern als ein gezielt gesetzter, feministisch konnotierter Kommentar zu Marcel Duchamps *3 Stoppages étalon* zu verstehen. Nicht mehr die Rolle des Zufalls im Verhältnis zum Messen und zum Rationalen als Denkspiel soll es sein, sondern das Verhältnis zum Sinnlichen der Farbe und des Farbauftrages wird ausgelotet. Jene Handlungsanweisung zum Malen wird durch die ausführende Hand im wörtlichen Sinne „begriffen", körperlich erfahren und transformiert. Kann man Duchamps *3 Stoppages étalon* auch mit „Zuchthengst" übersetzen, ist die Übertragung für *La Poulinière* ins Deutsche

application of the gouache paint open up a poetic "world of choice"—the world of *La Poulinière*.

The *La Poulinierès* are both painting tools and painting rules. Valérie Favre speaks of coincidence, of rules of the game. She has established these herself, in order to structure and provide a foundation for options for action for the work process, for herself and others. By rotating the painted wooden disc, the arrow, like with the wheel of fortune, indicates how long the option chosen in this way should continue or which colour choice is prescribed. At the end of the 1980s, work with the *La Poulinierè* was the starting point of a conceptual painting principle for the artist. To some extent, it was her escape from the need to physically and lavishly dip into the paint with the brush and to counter the trend in contemporary art, in that she replaces painting through discourse and the word and shifts the work into the realm of installation, coincidence and functionality. The term *La Poulinière* is not selected coincidentally but should instead be understood as a deliberately placed commentary, connoted by feminism, on Marcel Duchamp's *3 Stoppages étalon*. It should no longer be the role of coincidence in relation with measuring and with the rational as a cognitive game, but instead the relation with the paint and the application of the paint that is explored. Each instruction for action with relation to painting is literally "grasped" by the executing hand, physically experienced and transformed. If one can also translate Duchamp's *3 Stoppages étalon* with "stud stallion", the translation for *La Poulinière* into English is "brood mare": the orange-coloured mare may be the embodiment of this idea.

Why, however, did Valérie Favre not exhibit her first *La Poulinière* at the end of the 1980s, in contrast with

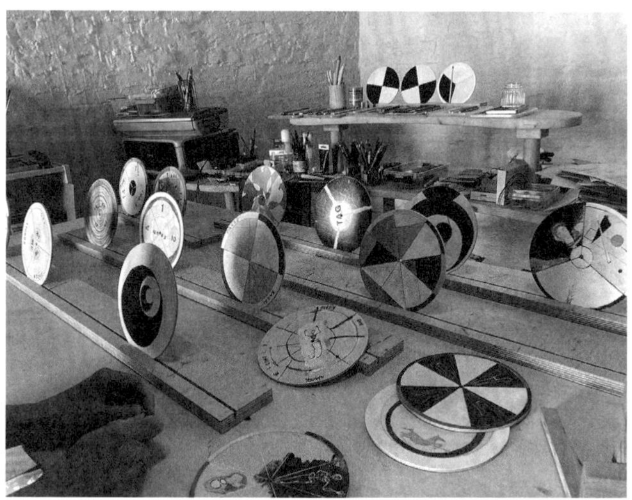

Entwicklung der *La Poulinière*,
Atelier Valérie Favre, Berlin, 2020

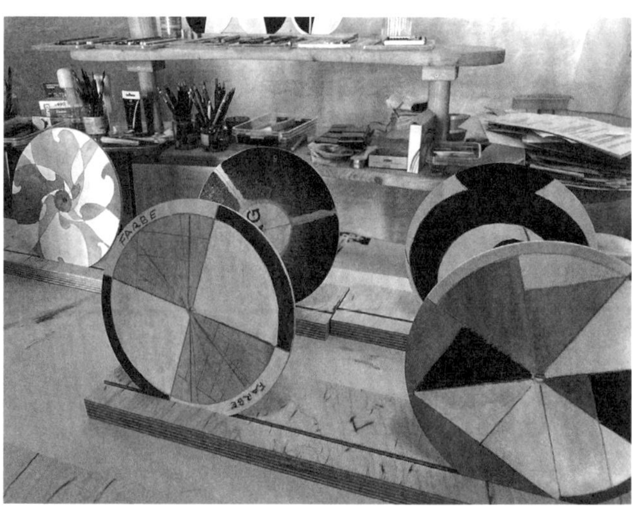

Development of *La Poulinière*,
studio Valérie Favre, Berlin, 2020

„Zuchtstute": Das orangefarbene Pferdeweib mag die Verkörperung dieser Idee sein.

Warum aber stellt Valérie Favre am Ende der 1980er Jahre ihre erste *La Poulinière* – im Unterschied zu den eingangs beschriebenen neuen Objekten eher einem Stundenglas ähnlich – nicht aus? Es erschien ihr nicht sinnvoll, den „anderen Pinsel" neben das gemalte Bild und damit das Werkzeug neben das Werk zu installieren. Die *La Poulinière* wird eher als Referenz in Publikationen abgebildet, aber nicht oder nur am Rande im Ausstellungsraum präsentiert. In der jetzigen Ausstellung ist demgegenüber eine Ansammlung dieser neu realisierten „Apparate" das Herzstück des Konzeptes. An einem anderen Wendepunkt von Favres Arbeit – 2017 – setzt sie verstärkt die *La Poulinière* für das Malen ein. In der Regel entstehen parallel oder im Vor- und Nachgang Zeichnungen, tagebuchartige Skizzen, welche die Bilder vorbereiten, begleiten und kommentieren. 2017 geschieht dies ohne explizite Zeichnungsübersetzung. Es entwickeln sich zu entschlüsselnde Zeichen- oder Notationssysteme, die sie auf Reisen mit ihrer *Reise-Poulinière* entwickelt und deren Struktur und Regeln durch die Handhabung eines liegenden Scheibenobjektes ausgewählt werden.

Auf dem Höhepunkt ihrer schwarz-gelben Bilder der *Suicide Series* (2003–2013) bzw. mit dem *Le Bureau des Suicides* (2020) scheint Favre erneut vor einem Wendepunkt in ihrer Arbeit zu stehen. Angesichts des in der Corona-Zeit konzentriert entstandenen Zyklus der dunkel schimmernden *Le bateau poètes* (2020) – der von Dichterinnen und Dichtern handelt, die sich freiwillig für den Tod entschieden haben – wird sichtbar, was die *La Poulinières* schon immer waren: eine Umkehrung des Prinzips der kleinen

the initially described new objects, which more resemble an hourglass? It did not seem to make sense to her to install the "other brush" next to the painted image, and thus the tool next to the work. The *La Poulinière* is depicted more as a reference in publications, but is not presented, or is only presented at the edges in the exhibition space. In the current exhibition, on the other hand, an accumulation of these newly realised "apparatuses" is at the heart of the concept. At another turning point in Favre's work, in 2017, she increasingly used *La Poulinière* for painting. As a rule, drawings or journal-like sketches originated parallel, in advance or in retrospect, which prepare, accompany and comment on the paintings. In 2017, this happened without any explicit drawing translation. Character or notation systems arose, which she developed while travelling with her *Travel Poulinière*, the structure and rules of which are selected through the handling of a lying disc object.

At the zenith of her black-yellow paintings of the *Suicide Series* (2003–2013) or with the *Le Bureau des Suicides* (2020), Favre once again appears to be approaching a turning point in her work. In light of the cycle of darkly shimmering *Le bateau poètes* (2020), which originated for the most part during the corona period and deals with poets who voluntarily opted for death, what the *La Poulinières* always were becomes apparent: a reversal of the principle of the small *Rotoreliefs* (1918–1935) of Duchamp, the fellow player and at the same time predecessor of which, the work *Rotary Glass Plates. Precision Optics* (1920), was photographically staged in his studio like in a lab. The photographs are not only illustrations of works but works themselves. In their preoccupation with the representation

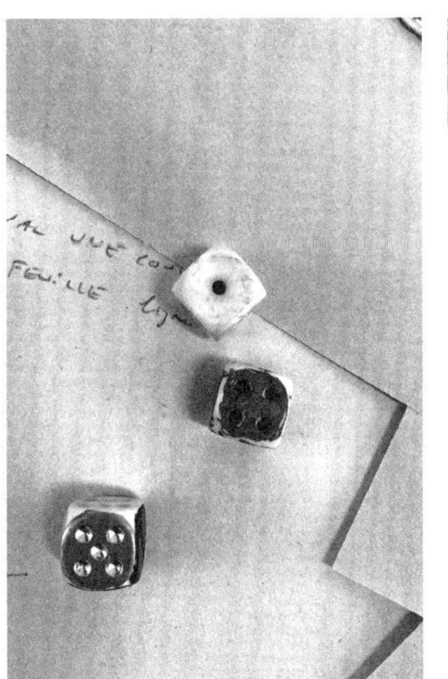
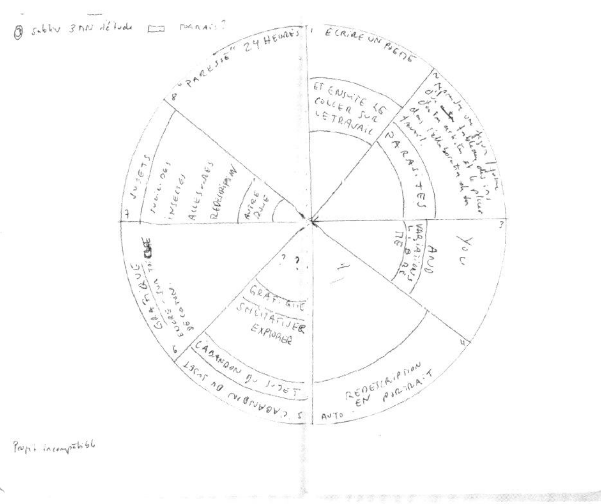
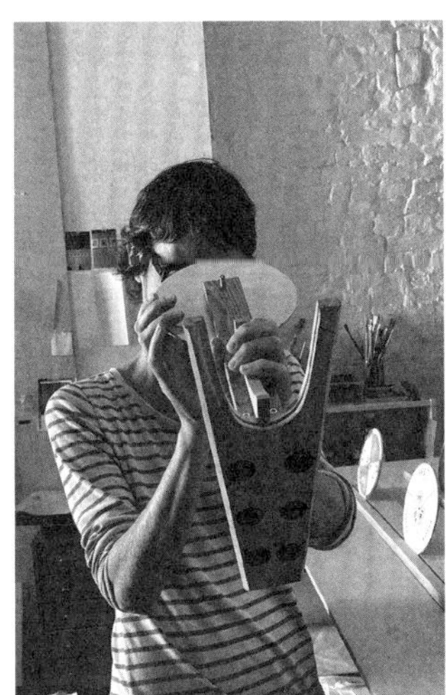

Entwicklung der *La Poulinière*,
Atelier Valérie Favre, Berlin, 2020

Development of *La Poulinière*,
studio Valérie Favre, Berlin, 2020

Duchamp'schen *Rotoreliefs* (1918–1935), deren Mitspieler und zugleich Vorgänger – die Arbeit *Rotierende Glasplatten. Präzisionsoptik* (1920) – in dessen Atelier wie in einem Labor fotografisch inszeniert wurden. Die Fotografien sind nicht nur Abbildungen von Werken, sondern selbst Werke. Die *Rotoreliefs* verkörpern in ihrer Auseinandersetzung mit der Darstellung von Bewegung ästhetische Versuchsobjekte für den von Duchamp proklamierten Abschied von der Malerei, der in dem Missverständnis des auf der Linie und nicht auf der Farbe beruhenden perspektivischen Raumes gründet.

Im Atelier von Valérie Favre sind in unterschiedlich langen Reihungen insgesamt über 20 *La Poulinières* wie in die Vertikale aufgerichtete *Rotoreliefs* auf Arbeitstischen installiert. In einem anderen Arbeitsbereich des Raumes finden sich großformatige Bilder, darunter die Werke der Serie *Le bateau poètes*, deren Pinselduktus eine gewollte malerische Unschärfe inszeniert. Dem stehen die kleinformatigen bemalten Holzscheiben mit ihren die Palette der Bilder reflektierenden Farben und geometrischen Strukturierungen gegenüber: Verknüpfungen von unterschiedlichen, aber aufeinander bezogenen Elementen als Versuchsanordnung. Es handelt sich allerdings hier um eine Versuchsanordnung, die vom Denken in der Farbe ausgeht. Das orangefarbene Pferdeweib, die „Zuchtstute" auf einer der eingangs beschriebenen *La Poulinières,* erinnert an den Fisch, den Duchamp auf seinem *Rotorelief Nr. 5: Poisson Japonais* (1935) gleichermaßen an den unteren Rand der Scheibenform setzt, allerdings hier als zeichenhafte Verdickung der geometrischen Spiralform und nicht als farblich nuanciertes Element mit expressivem Gestus in einem geometrischen Netz.

of movement, the *Rotoreliefs* embody aesthetic test subjects for the departure from painting proclaimed by Duchamp, which is based on the misunderstanding of perspective space founded on the line and not on colour.

In the studio of Valérie Favre, a total of more than twenty *La Poulinières* are installed on worktables like *Rotoreliefs*, erected in the vertical in rows of various lengths. Found in another work area of the space are large-format paintings, including the works of the series *Le bateau poètes*, the brushwork of which stages a deliberately painterly unsharpness. These are juxtaposed with the small format, painted wooden discs with their colours reflecting the palette of the paintings and geometric structuring: the linking of elements that are different but relate to one another as a test set-up. However, this involves a test set-up that takes thinking in colour as its starting point. The orange-coloured female horse, the "brood mare" on one of the initially described *La Poulinières*, is reminiscent of the fish that Duchamp similarly placed at the lower edge of the disc form on his *Rotorelief Nr. 5: Poisson Japonais* (1935), but here as a symbolic condensation of the geometric spiral form and not as an element nuanced with colour with an expressive attitude in a geometric network. In the concept for the present exhibition, the *La Poulinières* acquire a significance not previously ascribed to them. Differently than up to now, Valérie Favre places her work process and thus the rules of the game itself up for selection, effectively as an offering to the participants. She transforms the painting tools into a flexible object through the serial installation on a light, flat wooden shelf plinth: the work process becomes the work of art and enables combination with temporarily

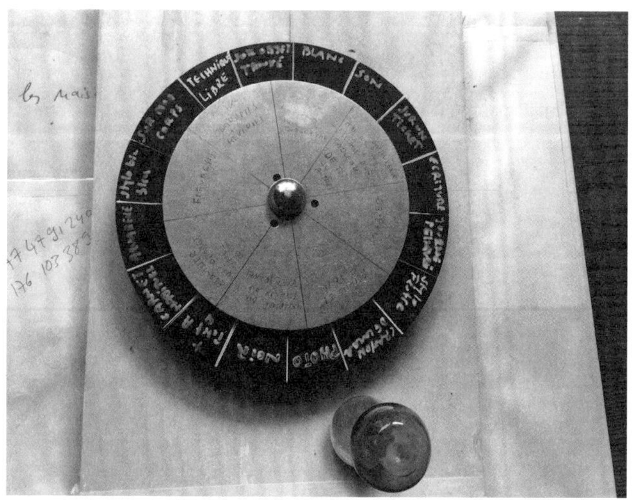

Reise-Poulinière Travel Poulinière, 2017

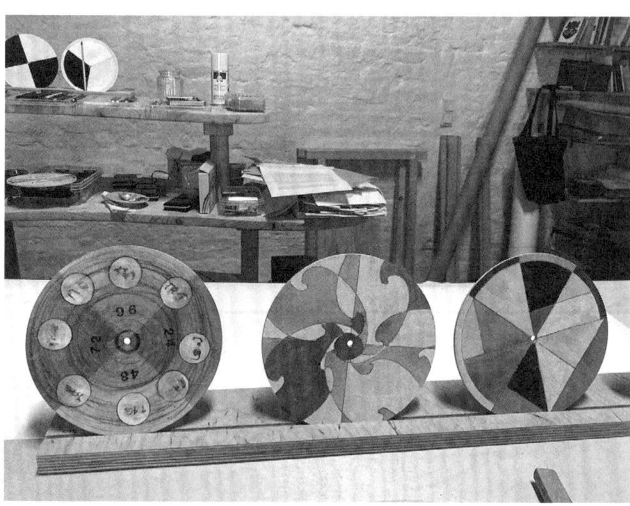

Studio Valérie Favre, Berlin, 2020

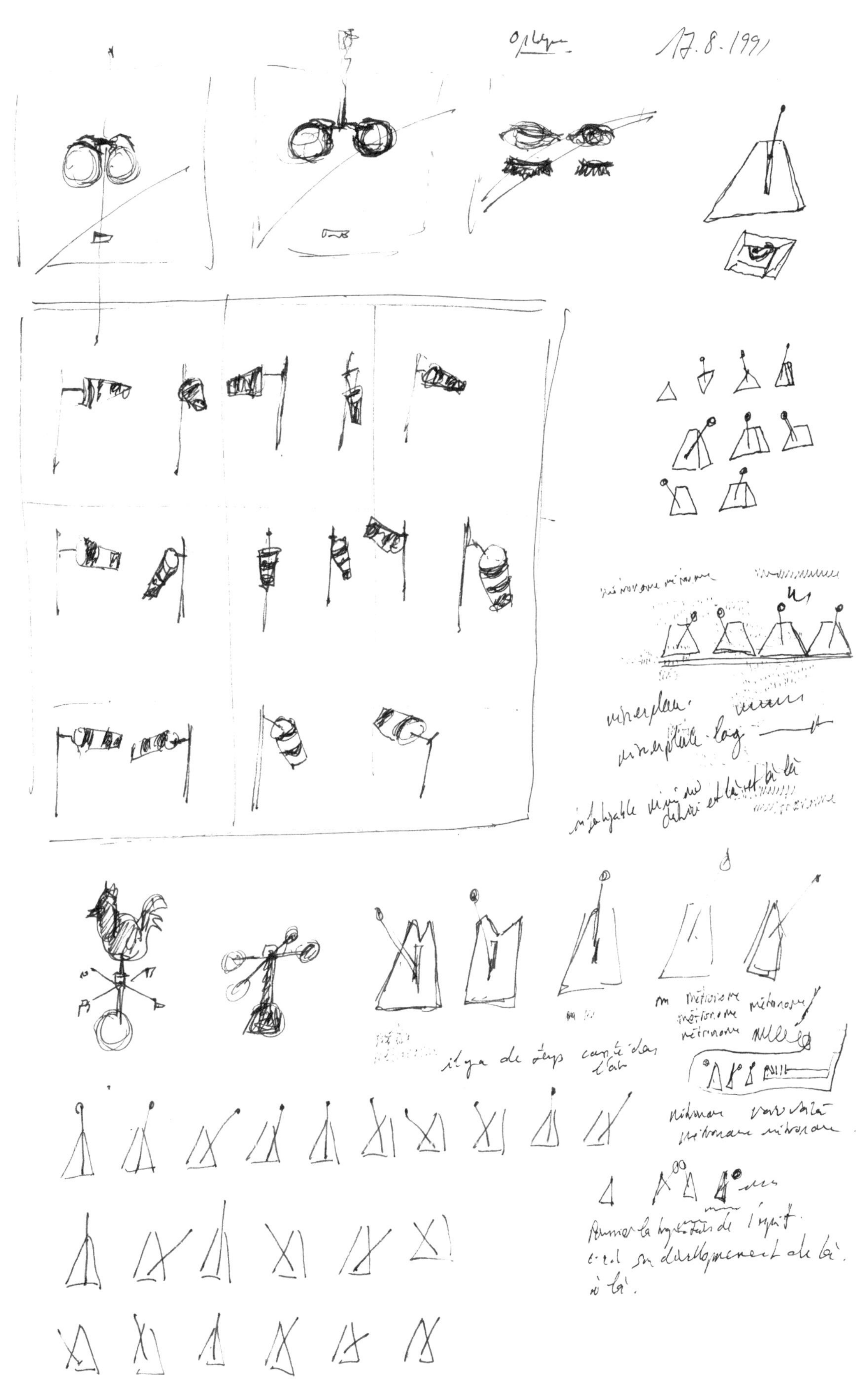

Erlebnis-Zeichung, diktiert durch *La Poulinière*, 1991

Experience drawing, dictated by *La Poulinière*, 1991

In dem Konzept zur jetzigen Ausstellung gewinnen die *La Poulinières* eine ihnen bisher nicht zugewiesene Bedeutung. Anders als bisher stellt Valérie Favre ihren Arbeitsprozess und damit die Spielregeln selbst zur Wahl, quasi als ein Angebot an die Teilnehmenden. Sie verwandelt die Malwerkzeuge durch die serielle Installation auf einem leichten flachen Holzregalsockel in ein flexibles Objekt: Der Arbeitsprozess wird zum Kunstwerk und ermöglicht die Kombination mit temporär wechselnden Ausfertigungen in der Ausstellung, die nicht nur von Favre angefertigt werden. Auf eine als Wandmalerei installierte Schultafel wird die Künstlerin nach durch die von *La Poulinière* getroffene Wahl der eigenen Handlungsoptionen mit Kreide zeichnen. Aber auch die eingeladenen Künstler*innen werden sie zum Malen und Ausstellen benutzen. Zugleich fungieren die *La Poulinières* als offen gelegter Hintergrund gezeigter Arbeiten. Sie eröffnen die Chance, einen Ausstellungsraum erst langsam zu füllen, ihn anfangs fast leer zu lassen, so wie es als Entsprechung des Prinzips der Stille bei Robert Rauschenberg und John Cage auch in Favres Experiment mit den Nichtfarben – ihren weißen und schwarzen Bildern – von Anfang an als formales Prinzip verborgen ist. Stille als Ausdruck des Zweifelns an Worten. Die der Künstlerin gewidmete Ausstellung ist also keine Präsentation von ihren im Atelier hergestellten Werken, sondern eine sich ständig verändernde Konstellation mehrerer Akteure und deren Arbeiten: von haptischen und ephemeren Bildern, Arbeitsspuren und Gesprächssituationen im Raum.

Damit wird die Ausstellung selbst zum Kunstwerk oder besser zum Labor, die *La Poulinière* zur Kuratorin und zugleich zur formgebenden Maschine. Die

alternating copies in the exhibition, which are produced not only by Favre. The artist will draw with chalk on a school blackboard installed as a mural in accordance with the choice for her own options for action made by *La Poulinière*. However, the invited artists will also use them for painting and exhibiting. At the same time, the *La Poulinières* function as a revealed background for the works shown. They allow the opportunity to slowly fill an exhibition space, to leave it almost empty at the start, just as it is also concealed from the start in Favre's experiment with the non-colours, her white and black paintings, as a formal principle corresponding with the principle of silence found with Robert Rauschenberg and John Cage. Silence as an expression of doubt in words. The exhibition dedicated to the artist is thus no presentation of her works produced in the studio, but instead a constantly changing constellation of several actors and their works: of haptic and ephemeral images, traces of work and discussion situations in the space.

The exhibition itself thus becomes a work of art, or, more precisely, a lab, the *La Poulinière* the curator, and at the same time the formative machine. The exhibition can thus be understood as an exercise and an experiment. The focus is thereby on the development and the changing of the principle of the artistic: the process as work. The tool, the *La Poulinière*, as curator—how should we understand this? To this purpose, let us take a closer look at what is planned. The artist, associated with the theatre, aims at a dramatic staging of the exhibition spaces. The selection principle for the duration of the exhibitor and the place within the series of rooms is provided using the *La Poulinière*. The foundation for this is the invitation of six artists

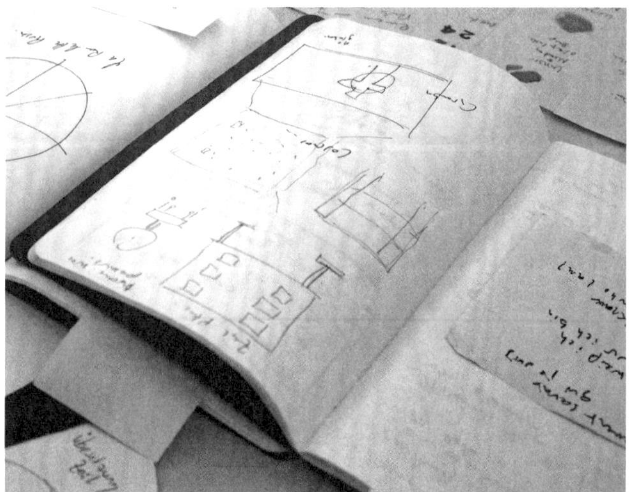

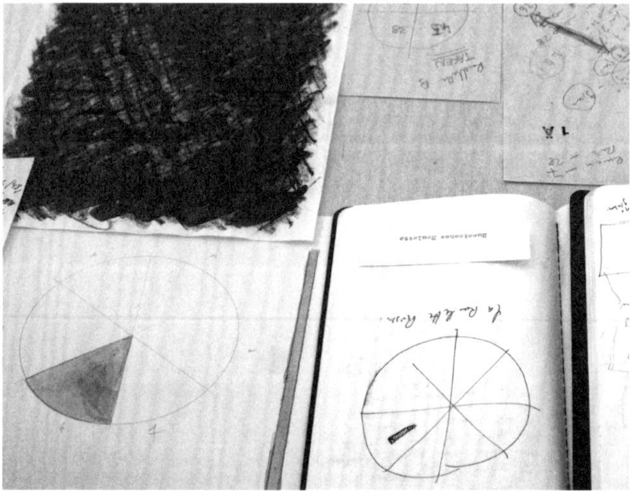

Dokumentation der Ergebnisse der *La Poulinière* und Notizen, Galerie Pankow, Berlin, 2020

Documentation of the results of *La Poulinière* and notes, Galerie Pankow, Berlin, 2020

Ausstellung kann so als Übung und als Experiment verstanden werden. Die Entwicklung und die Veränderung als Prinzip des Artistischen steht dabei im Zentrum: der Prozess als Werk. Das Werkzeug, die *La Poulinière*, als Kuratorin – wie ist das zu verstehen? Sehen wir uns dazu das Geplante genauer an. Die dem Theater verbundene Künstlerin zielt auf eine dramaturgische Inszenierung der Ausstellungsräume. Das Auswahlprinzip für die Dauer des Auszustellenden und den Ort innerhalb der Raumfolge erfolgt durch den Einsatz der *La Poulinière*. Grundlage dafür ist die Einladung von sechs Künstler*innen die jeweils mit anderen kulturellen Hintergründen verbunden sind: von Japan über Algerien bis Israel. Die Platzierung von deren Arbeiten in den Ausstellungsräumen und die Festlegung des Zeitraums, in dem diese zu sehen sind, wird quasi durch die *La Poulinière* festgelegt. Voraussetzung dafür ist, dass die eingeladenen Künstler*innen sie als Zufallsgenerator benutzen, um die von ihnen vorab ausgewählten Beiträge in der gemeinsamen Präsentation zu situieren oder vor Ort anzufertigen. Alles wird miteinander verknüpft.

Dies geschieht nicht ohne Setting und das Setting ist von Valérie Favre. Es ist vom Impuls getragen, alles miteinander zu verknüpfen und in Veränderung zu halten: Das statische Bild ist das Ziel und tritt dennoch aus seinen Grenzen, seinen Rahmungen, seiner Positionierung an der Wand. Darum hat die Ausstellung vier unterschiedlich und aufeinander bezogene Akzentuierungen. Den Auftakt bilden die titelgebenden Objekte: eine Anzahl von *La Poulinières*, die auf mehreren Arbeitstischen seriell installierten Drehscheiben und eine großformatige Tafel für vor Ort entstehende Arbeiten der Künstlerin, die gelöscht, erneuert oder

who are respectively associated with other cultural backgrounds, from Japan through Algeria to Israel. The placement of their works in the exhibition spaces and the definition of the period in which these can be seen is effectively established by the *La Poulinière*. The prerequisite for this is that the invited artists use it as a random generator in order to situate the works they have selected in advance in the joint presentation or to create them on site. Everything is linked with one another.

This does not happen without setting, and the setting is provided by Valérie Favre. It is borne by the impulse to link everything with one another and keep it in a state of change: the static image is the goal and nonetheless bursts its boundaries, its framings, its positioning on the wall. The exhibition therefore has four different accentuations that refer to one another. The start was provided by the eponymous objects: a number of *La Poulinières*, the turntables installed in series on several worktables and a large-format panel for works of the artist produced on site, which are deleted, renewed or supplemented and receive their respective orientation through the use of *La Poulinière*. The view into the main room, in which, when the artist is not present, a "stacked" installation of own seating and table furnishings can be seen, is thereby unimpaired. It is the space for the discussion platforms, for which the armchairs, chairs and tables are used—always with a view of the panel as a place for drawing with the help of the *La Poulinière*.

The large format of the panel corresponds in the third room with a large-format, black, shimmering canvas oriented to the dimensions of the exhibition wall, which, in contrast with the presentation of a

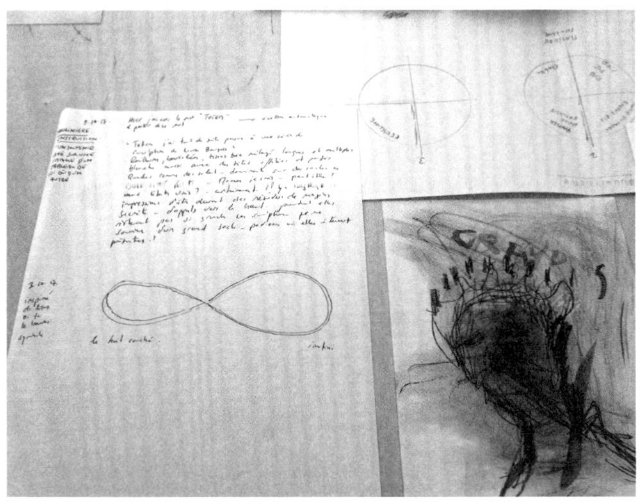

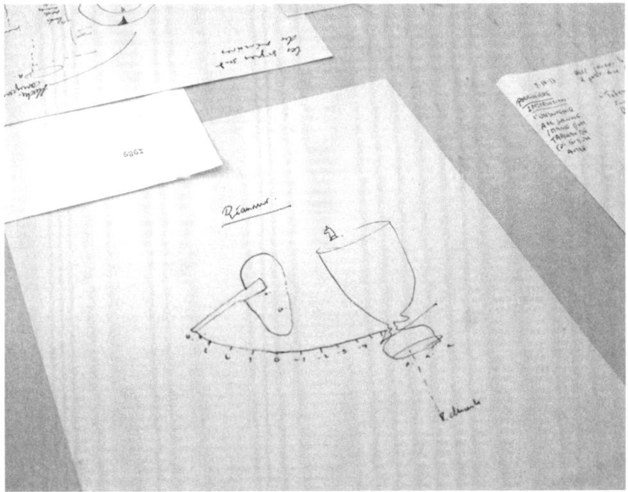

31

ergänzt werden und durch den Einsatz der *La Pouli-nière* ihre jeweilige Ausrichtung bekommen. Der Blick wird dabei in den Hauptraum frei, in dem bei Abwesenheit der Künstlerin eine „gestapelte" Installation eigenen Sitz- und Tischmobiliars zu sehen ist. Es ist der Raum für die Gesprächsplattformen, bei denen die Sessel, Stühle und Tische zum Einsatz kommen – immer mit dem Blick auf die Tafel als Ort des Zeichnens mit Hilfe der *La Poulinière.*

Das große Format der Tafel korrespondiert im dritten Raum mit einer auf die Maße der Ausstellungswand ausgerichteten großformatigen, schwarz schimmernden Leinwand, die im Unterschied zur Präsentation eines Vorgängerbildes bei der Ausstellung anlässlich der Nominierung des Prix Marcel Duchamp im Palais Paris 2012 ohne Keilrahmen gezeigt wird. Die Frage der Grenze, die sich in der Malerei mit jeder Form der Rahmung des Bildes stellt, löst sich beim Thema „Kosmos", so der Titel der Leinwand, anders auf.

Man fragt sich, ob das Temporäre als Ausstellungsprinzip, das dem Statischen und Dauerhaften des Bildes gegenübersteht, in dieser wandbildartigen Arbeit seine Rückbindung an die italienische Freskomalerei der Frührenaissance aufruft und das Orts- und Zweckgebundene mit der Transportabilität der Malerei verbindet. In Favres Atelier steht vor einer Postkarte von Sandro Bottichellis *Frühling* (1477–82) eine diagrammatische Zeichnung, deren Thema etwa das Verknüpfen von Bildelementen wie Kleidern, Titeln, historischen künstlerischen Positionen und Fragen sind, überschrieben mit dem braun-rot unterstrichenen Begriff „Poulinière". Im Duktus des schichtenweisen Farbauftrages bleibt der Prozess des Malens,

predecessor painting in the exhibition on the occasion of the nomination of the Prix Marcel Duchamp in the Palais Paris 2012, is shown without stretcher frames. The question of the boundary, which is posed in painting with any form of framing of the image, is resolved differently for the "*Kosmos*" (Cosmos) theme, thus the title of the canvas.

One asks oneself whether the temporary as an exhibition principle, which is confronted with the static nature and the permanence of the painting, invokes its retrospective dependence on the Italian fresco painting of the Early Renaissance in this mural-like work and combines stationariness and appropriateness for purpose with the transportability of painting. In Favre's studio, in front of a postcard of Sandro Botticelli's *Primavera* (1477–82), is a diagrammatic drawing, the themes of which are, for example, the linking of pictorial elements like clothing, titles, historical artistic positions and questions, overwritten with the brown-red, underlined term "*Poulinière*". In the style of the layered application of paint, the process of painting remains palpable, comparable with the monochrome colour elements of the *La Poulinière.*

The 5 x 6 metre painting *Kosmos* is largely free of figurative elements and invites contemplation with its changing colour shades and colour textures. Everything is conceivable, everything can be linked, thus also in "Golden Exile": the theme and the initial idea of the discussion platforms. The co-actors exchange ideas about the respective special goal, which they have compiled at this place for working and which precedes the wish of chosen exile. All are part of a shared universe. "There is no Planet B"—according to Valérie Favre. The fourth exhibition room adjoins

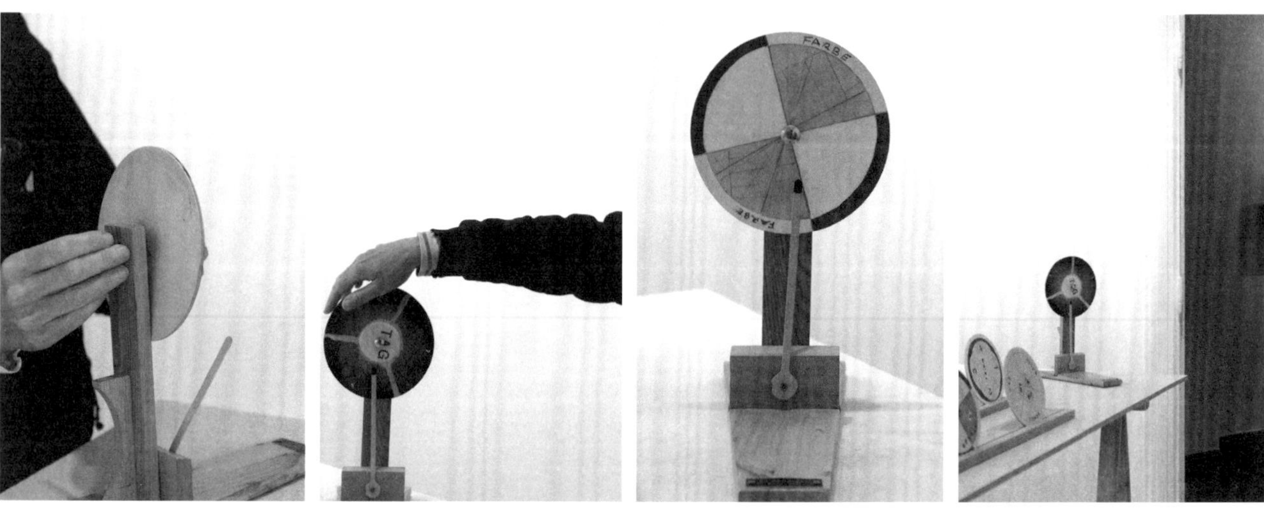

La Poulinière in Aktion, Galerie Pankow, Berlin, 2020

La Poulinière in action, Galerie Pankow, Berlin, 2020

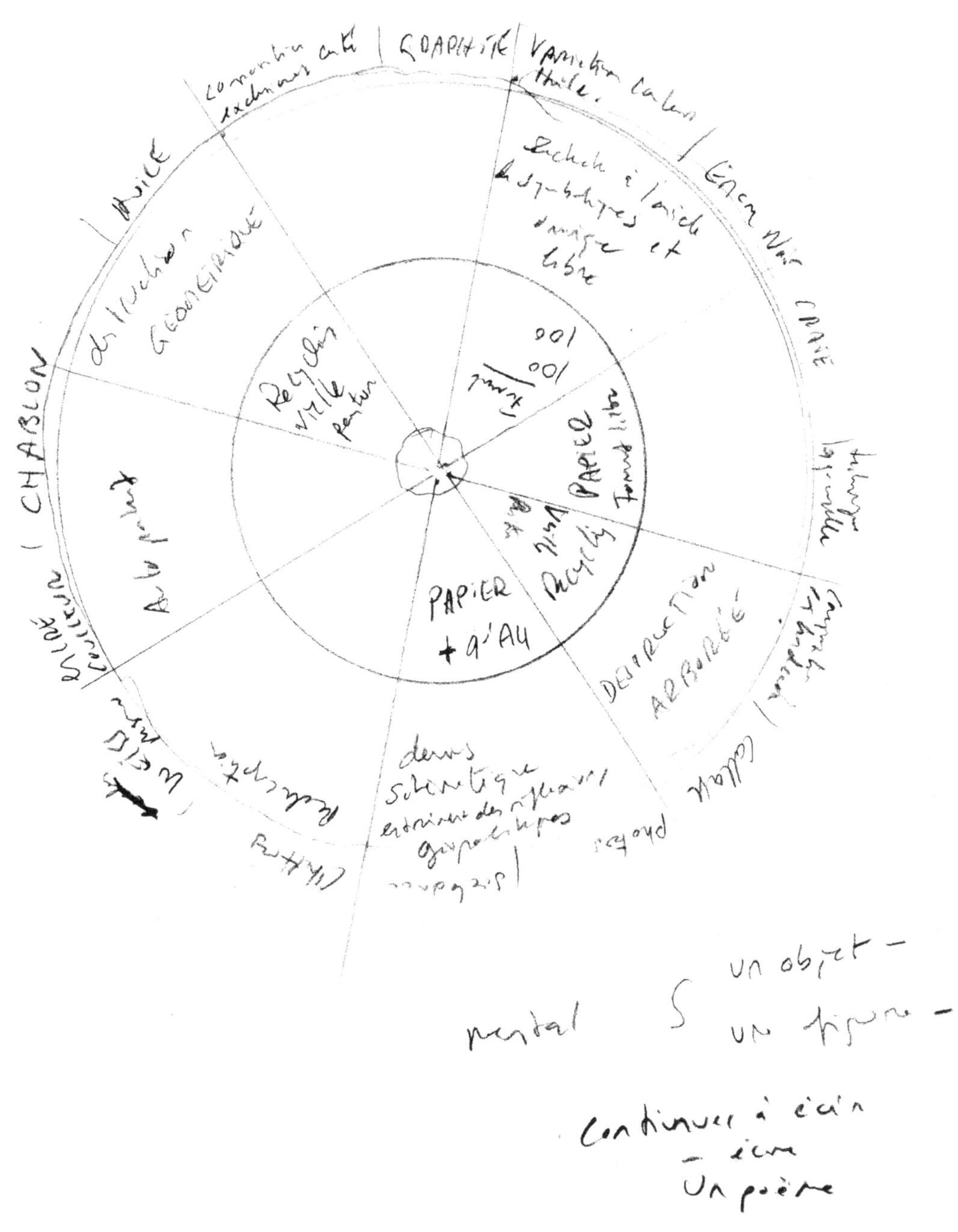

GRAPHITE
CHARBON
PAPIER
DESTRUCTION
ABSORBÉ
PAPIER + q'A4
un objet —
un figure —
continuer à écrir
— écrire
Un poème
mental

vergleichbar den monochromen Farbpartien der *La Poulinière,* spürbar.

Das 5 x 6 Meter messende Bild *Kosmos* ist weitgehend frei von figurativen Elementen und lädt mit seinen changierenden Farbtönen und -texturen zur Kontemplation ein. Alles ist denkbar, alles kann verknüpft werden – so auch im „Goldenen Exil": dem Thema und der Ausgangsidee der Gesprächsplattformen. Die Mitakteure tauschen sich aus über das jeweils besondere Ziel, das sie an diesen Ort des Arbeitens zusammengebracht hat und das dem Wunsch des gewählten Exils vorausgeht. Alle sind Teil eines gemeinsamen Universums. „Es gibt keinen Planeten B" – so Valérie Favre. Der vierte Ausstellungsraum schließt an den Auftaktraum mit den *La Poulinière*-Objekten an und präsentiert Skizzen und Zeichnungen, die in diesem Zusammenhang entstanden sind. In allen Freiräumen an den Wänden können die Arbeiten der Mitstreiter*innen für eine bestimmte Zeit gezeigt werden, so wie sie es selbst mit der *La Poulinière* ermittelt haben.

Spätestens hier erkennt man: Es gibt nicht nur die Korrespondenz und Gegenüberstellung von sehr kleinen und sehr großen Formaten – ein wiederkehrendes Prinzip jenseits des seriellen Ansatzes von Valérie Favre – sondern auch eine Korrespondenz von Formelementen. Die geometrischen Kreise, Dreiecke oder Quadrate, die auf den *La Poulinières*, wie eingangs beschrieben, immer wieder auftauchen, scheinen das kommende Thema der Künstlerin anzukündigen. Das bestätigt auch eine Gruppe von Zeichnungen im Atelier. Ihre Auseinandersetzung mit konstruktiven Formen und der malerischen Überschreibung von performativen und fotografischen Arbeiten in *Self-portrait after Odilon Redon, The Fallen Angel (1880) (2017)*

with the first room with the *La Poulinière* objects and presents sketches and drawings that have originated in this context. The works of the colleagues can be shown on the walls in all free spaces for a certain period, just as they have determined themselves with the *La Poulinière.*

Here, at the latest, one recognises that there is not only the correspondence and juxtaposition of very small and very large formats, a recurring principle beyond the serial approach of Valérie Favre, but also a correspondence of formal elements. The geometric circles, triangles or squares that arise again and again on the *La Poulinières*, as described at the start, appear to herald the coming theme of the artist. This is also confirmed by a group of drawings in the studio. Her occupation with constructive forms and the painterly overwriting of performative and photographic works in *Self-portrait after Odilon Redon, The Fallen Angel (1880)* (2017) or *Redescription I and II* (2018), in which poses and formal languages of the Russian constructivists are addressed with painterly self-stagings, is currently finding its way back into painting via the *La Poulinière.* The coming *La Poulinières* not shown in the exhibition thus also assume larger formats as a consequence. The *Rotorelief*-like discs take on a life of their own as geometric patterns. At the same time, the rotating circular form of the *La Poulinière* becomes a wheel of fortune.

Coincidence, play, assimilation and inversion of and with artistic roots has reached a turning point in the work progression of Valérie Favre, one at which Duchamp, as at the beginning of her pictorial-artistic work, again becomes relevant as a productive antithesis to her polemic, and at the same time in the sense

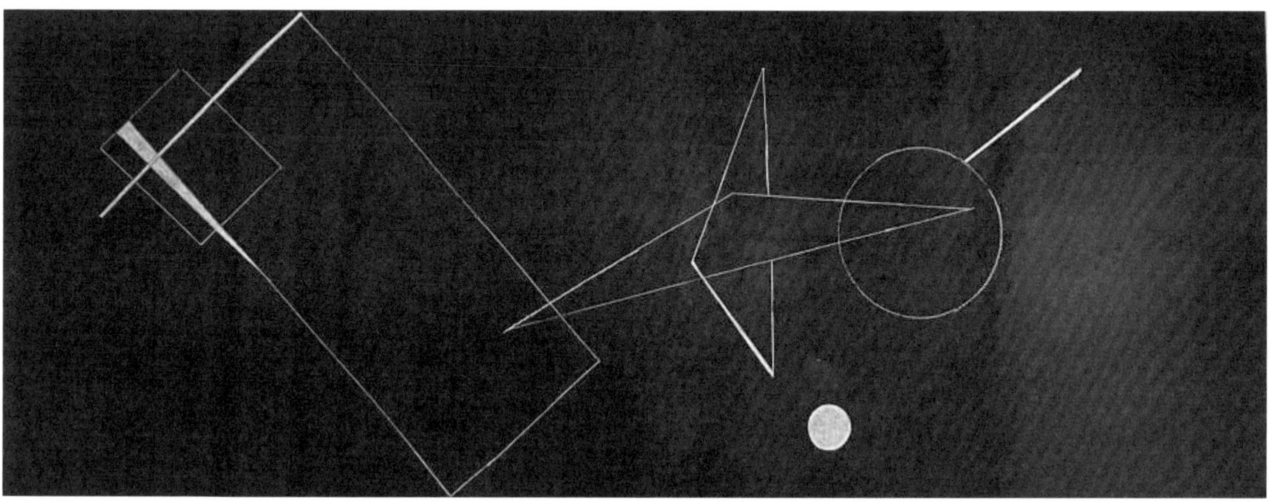

oder *Redescription I und II* (2018), in denen mit malerischen Selbstinszenierungen Posen und Formensprachen der russischen Konstruktivisten aufgegriffen werden, findet derzeit über die *La Poulinière* zurück in die Malerei. Auch die kommenden, in der Ausstellung nicht gezeigten *La Poulinières* nehmen darum folgerichtig größere Formate an. Die *Rotorelief*-artigen Scheiben verselbstständigen sich zum geometrischen Muster. Zugleich wird die drehbare Kreisform der *La Poulinière* zum Glücksrad.

Zufall, Spiel, Einverleibung und Umwendung von und mit künstlerischen Wurzeln ist im Werkverlauf von Valérie Favre an einem Wendepunkt angelangt, an dem Duchamp, wie am Anfang ihrer bildkünstlerischen Arbeit, als produktiver Gegenpol ihrer Polemik und zugleich im Sinne einer eigenen Einordnung in einen Kunstkanon, der sich nicht nur auf die Malerei bezieht, wirksam wird. Welcher Rhythmus ergibt sich durch den Zufallsgenerator *La Poulinière* und wie unterscheidet er sich vom Messbaren und dem Kalkül der *3 Stoppages étalon*? Was kann ich wählen und: Wie kann ich wählen? Kann dieser Arbeitsprozess zur Ausstellung werden und inwiefern stößt er die Tür weiter auf, als es die Ironisierung historischer Quellen vermag? Ist es die Rolle des Zufalls, die interessiert, oder ist es nicht eher der Prozess der Verknüpfung, der zur Ausstellung gelangt? Wenn Duchamp, nach seinem wichtigsten Kunstwerk gefragt, antwortet, dass die Arbeit *3 Stoppages étalon* die „Triebfeder" seiner Zukunft anschlug, um sich mit dieser Zufallsoperation „zu befreien" und mit der Abbildung des Raumes auf der Fläche zu beschäftigen, ist es gerade diese Oberfläche des Malgrundes, die den Sehnsuchtspunkt im Arbeitsprozess der Künstlerin darstellt. Nicht die

of an own classification within an art canon that refers not only to painting. Which rhythm results from the random generator *La Poulinière* and how does it differ from that measurable and the calculation of *3 Stoppages étalon*? What and how can I choose? Can this work process become the exhibition and to what extent does it push the door open further than the ironizing of historical sources can do? Is it the role of coincidence that is of interest, or is it not instead more the process of linking that finds its way into the exhibition? When Duchamp was asked about his most important work of art, he answered that the work *3 Stoppages étalon* triggered the "driving force" of his future, in order "to liberate" himself with this random operation and occupy himself with the depiction of space on the surface. It is precisely this surface of the painting ground that represents the point of longing in the work process of the artist. It is not the depersonalisation of the line that is of interest but, on the contrary, its subjective, colourful unsharpness. It is not the notation of the process of finding form alone, but at least as much the rhythm of becoming colour through the principle of the *La Poulinière*, the work process as work, to which the painting of Valérie Favre owes its unique artistic character. The painting is both the instrument and the result of the lab situation exhibition.

Ergebnis der *La Poulinière*: Valérie Favre, Kreidezeichnung auf Wandtafel, Galerie Pankow, Berlin, 30. November 2020

Result of *La Poulinière*: Valérie Favre, chalk drawing on blackboard, Galerie Pankow, Berlin, 30 November 2020

Entpersönlichung der Linie interessiert, sondern, im
Gegenteil, ihre subjektive farbliche Unschärfe. Es ist
nicht allein die Notation des Formfindungsvorgangs,
sondern gleichermaßen der Rhythmus der Farbwer-
dung durch das Prinzip der *La Poulinière* – der Arbeitsprozess als Werk –, dem die Malerei von Valérie Favre
ihre künstlerische Eigenart verdankt. Das Bild ist sowohl Instrument als auch Ergebnis der Laborsituation
Ausstellung.

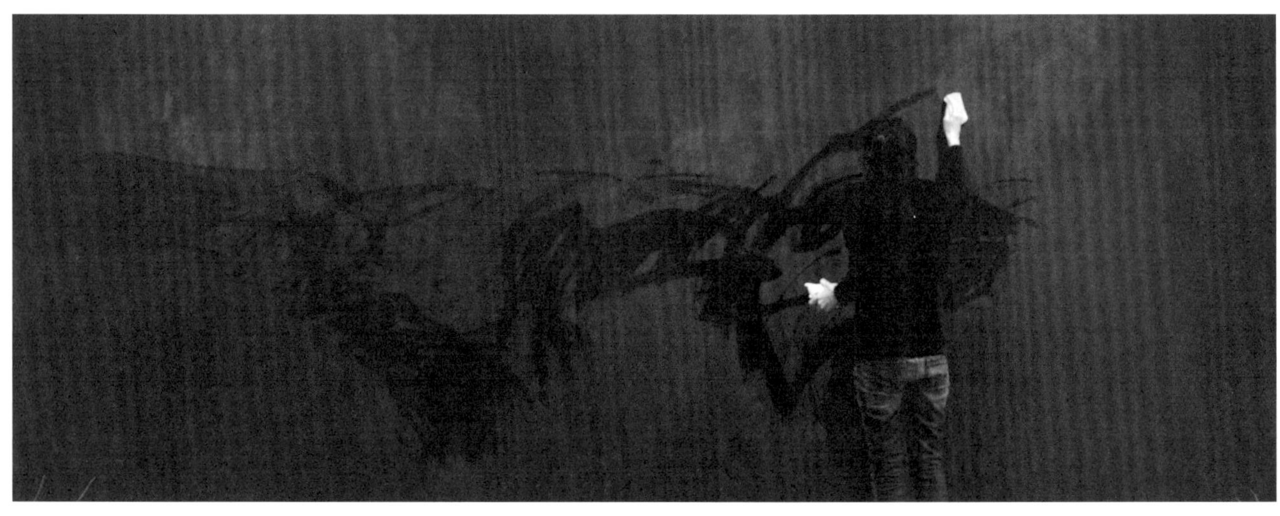

Ergebnis der *La Poulinière*: Valérie Favre,
Kreidezeichnung auf Wandtafel, Galerie Pankow,
Berlin, 30. November 2020

Result of *La Poulinière*: Valérie Favre, chalk
drawing on blackboard, Galerie Pankow, Berlin,
30 November 2020

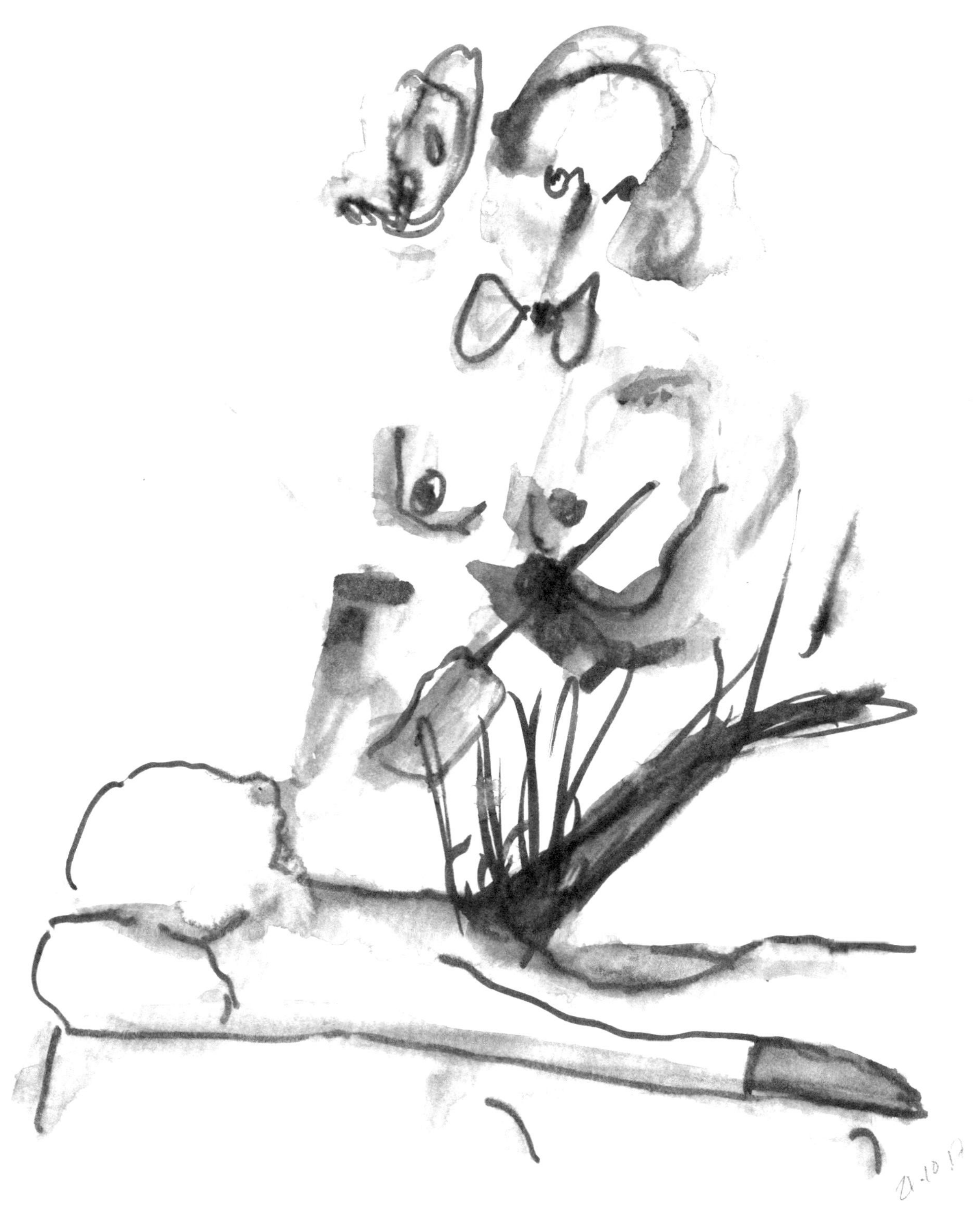

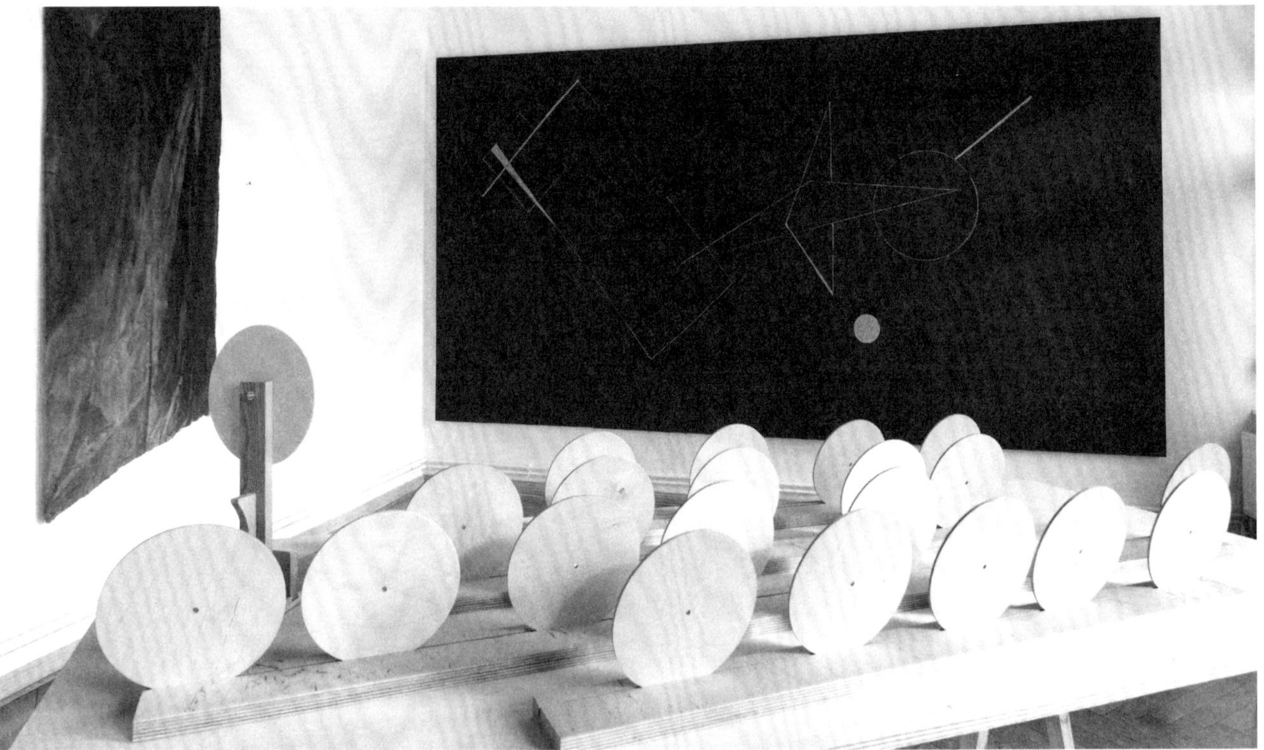

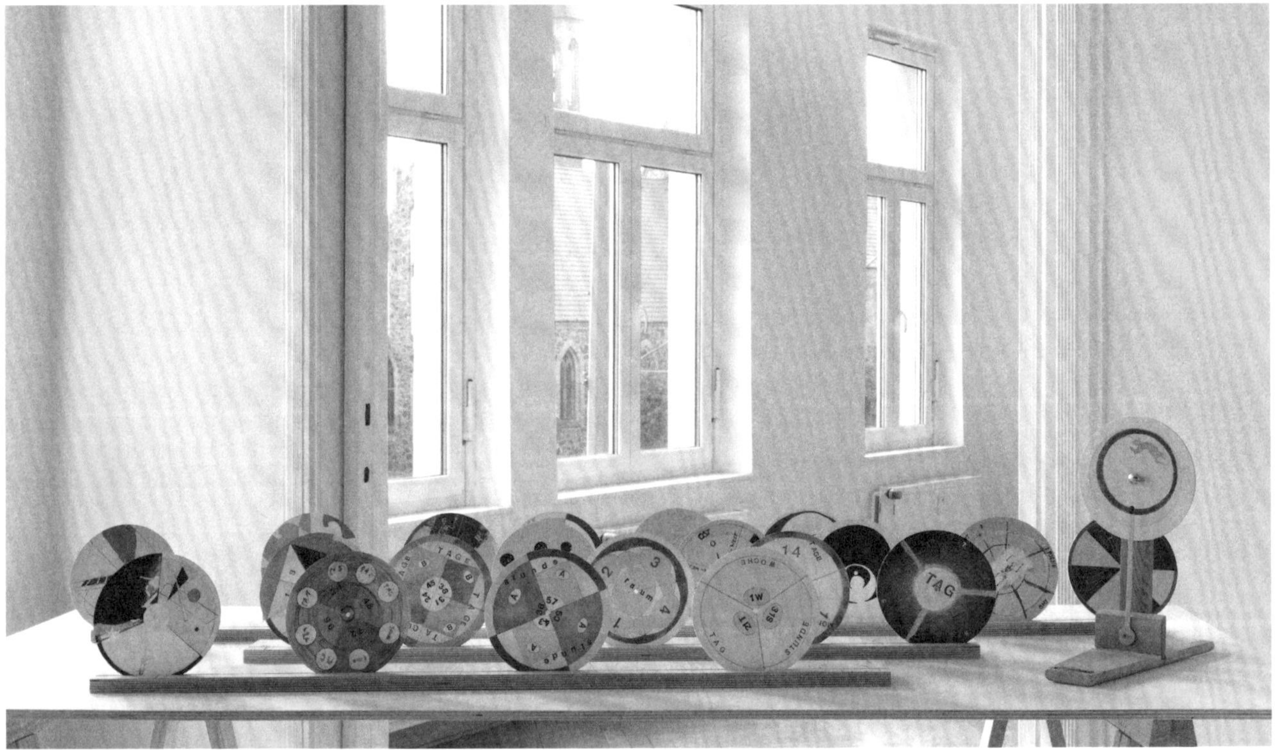

Favre: Ich habe dieses Objekt gebaut, um Einschränkungen bei der Entwicklung meines von der Oulipo-Gruppe inspirierten Gemäldes zu erhalten.

Favre: I built this object to provide limitations for the development of my painting, which was inspired by the Oulipo group.

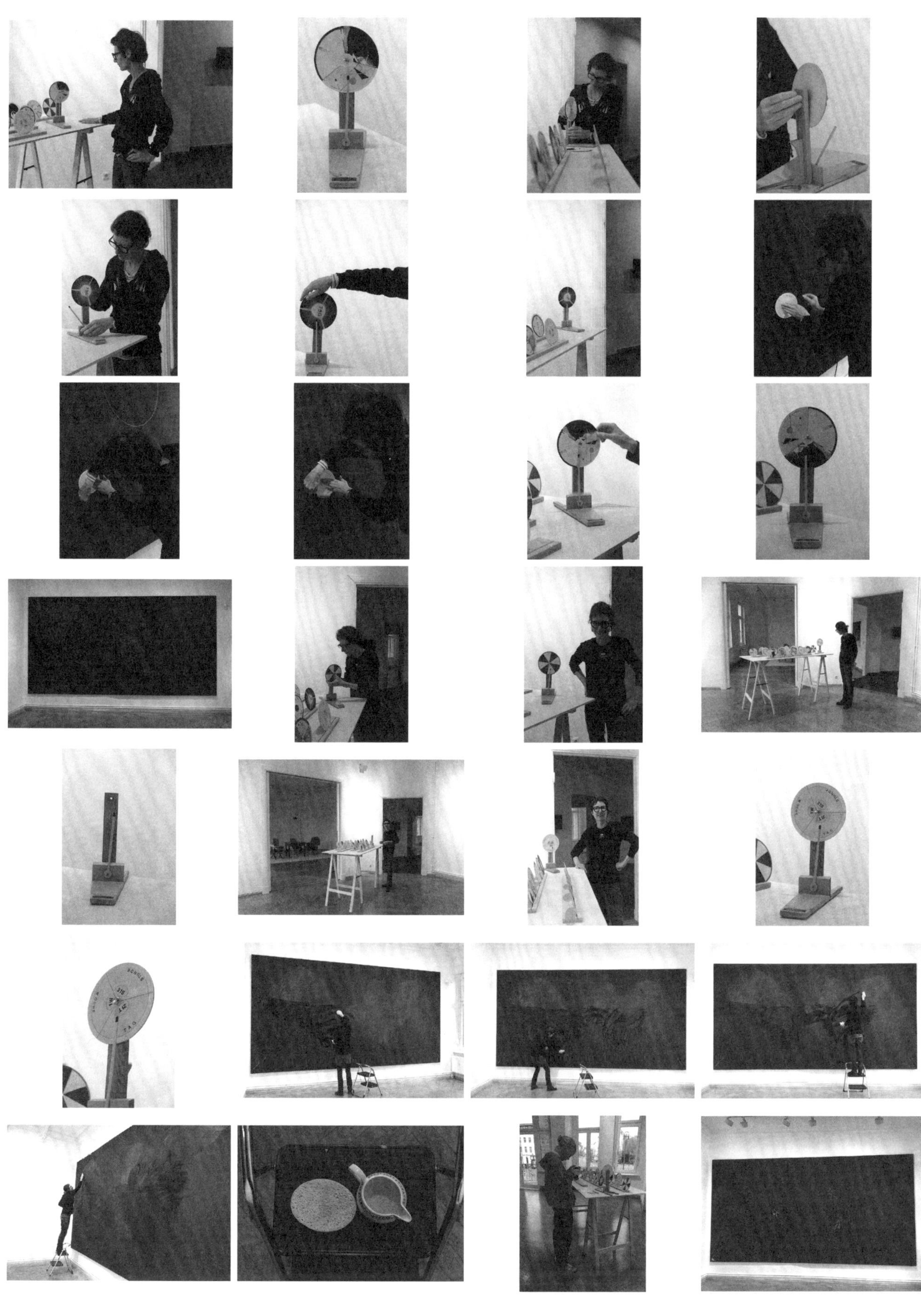

Entwicklung der Kreidezeichnungen mit Hilfe der *La Poulinière*: Zeitvorgabe, Themenvorgabe und Farbauswahl, Galerie Pankow, Berlin, 2020

Development of the chalk drawings with the help of *La Poulinière*: time schedule, topic specification and colour selection, Galerie Pankow, Berlin, 2020

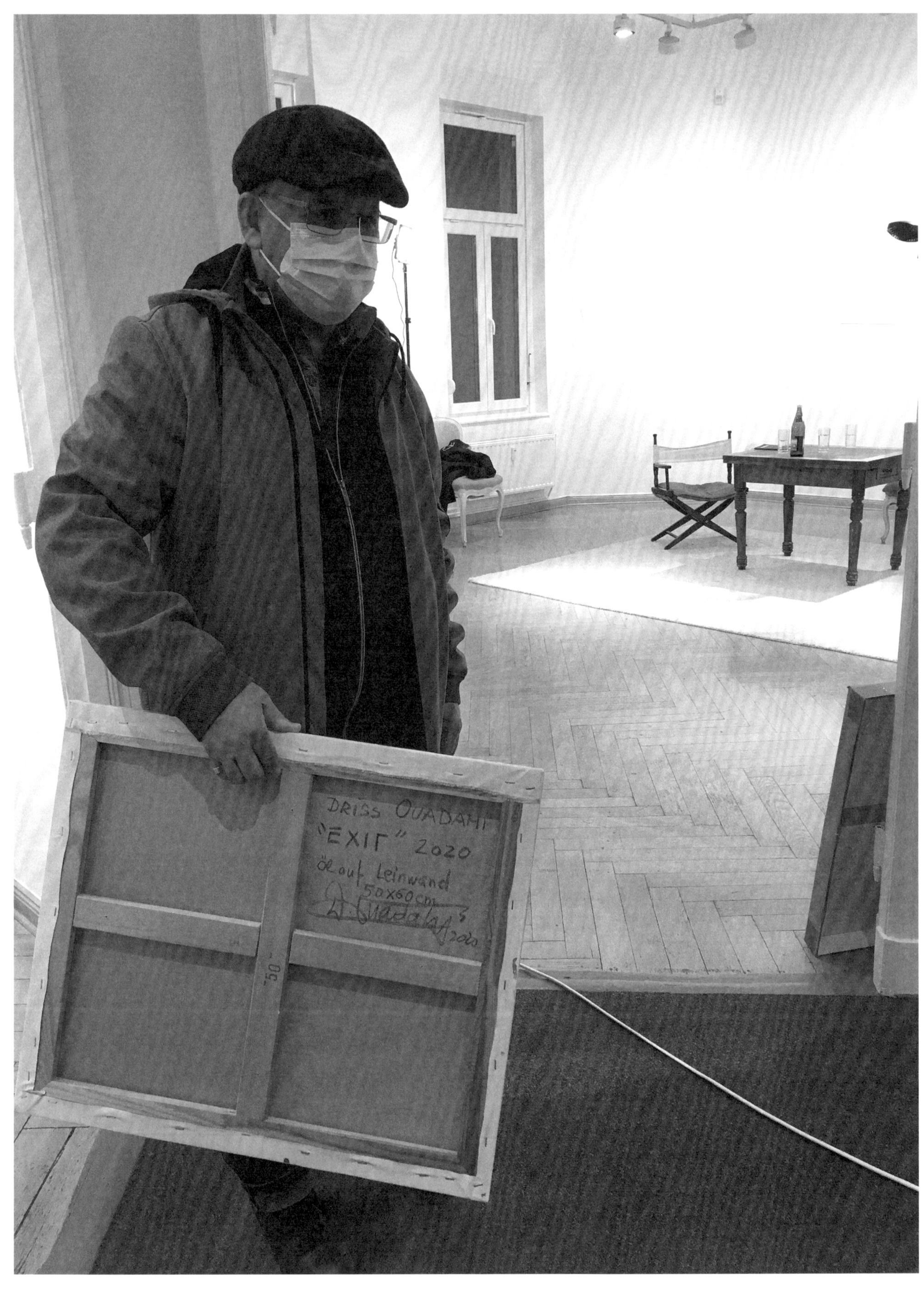

Driss Ouadahi, Galerie Pankow, Berlin,
12. November 2020

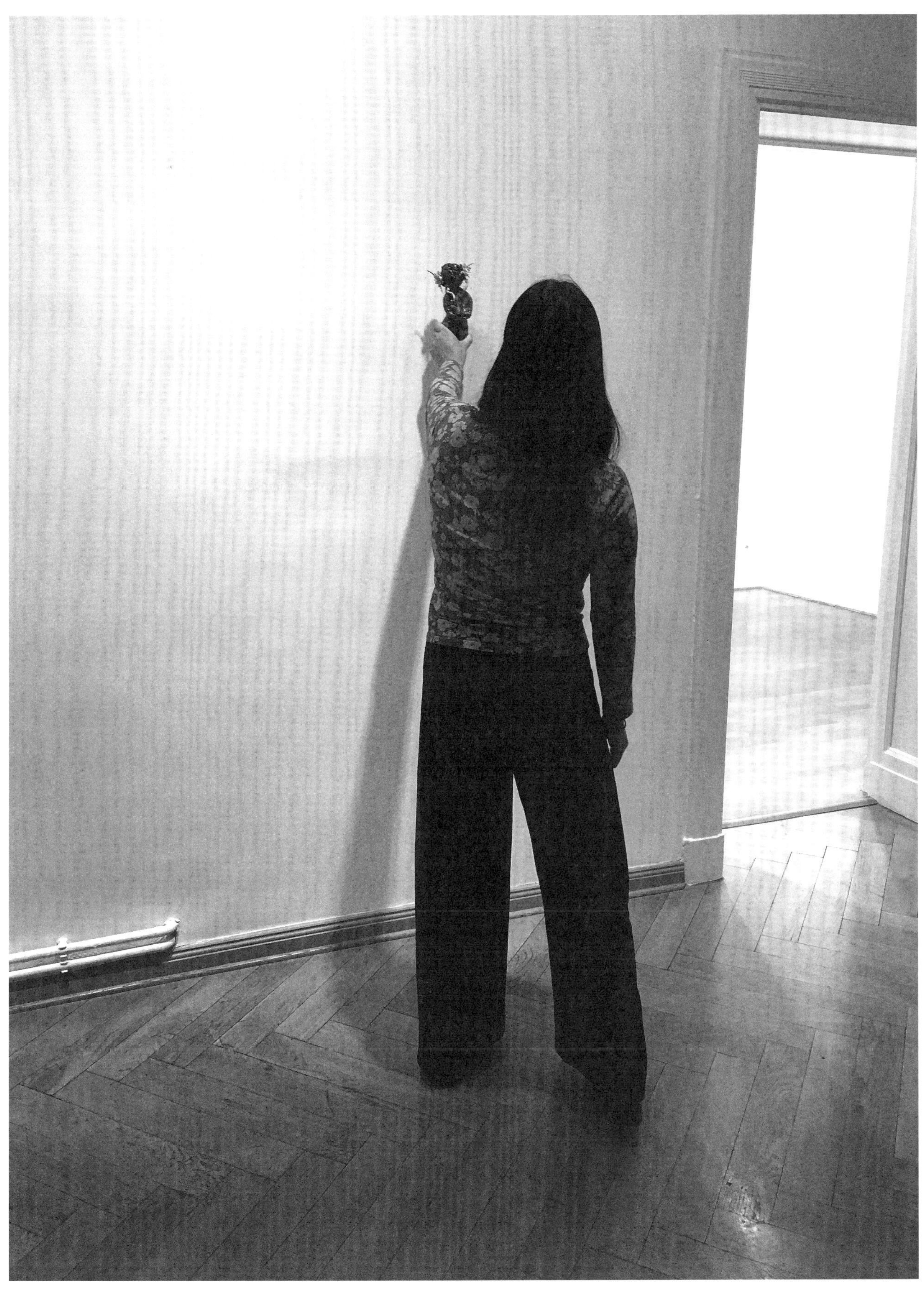

Asana Fujikawa, Galerie Pankow, Berlin,
12. November 2020

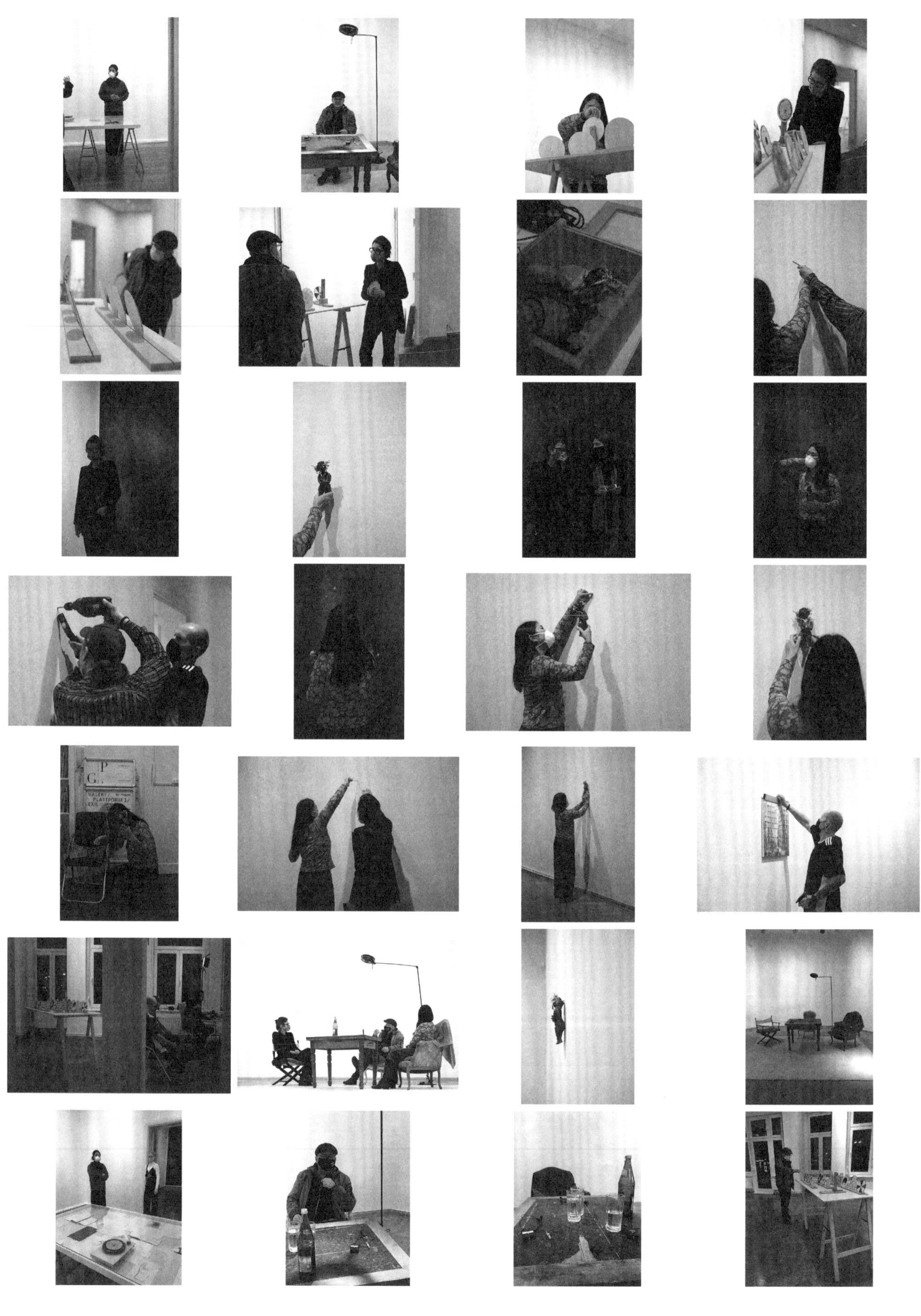

Ouadahi: Die deutsche Sprache ist ein Instrument, aber die Kunst ist auch ein Instrument, die mir wichtigere Sprache.

Ouadahi: The German language is an instrument, but art is also an instrument, the language that is more important to me.

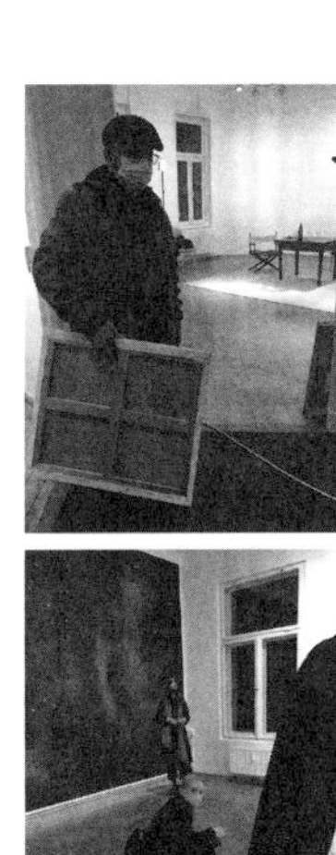
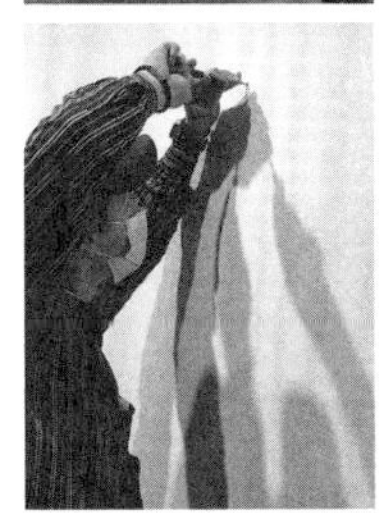
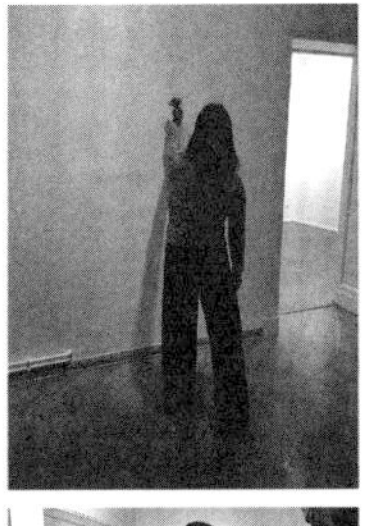
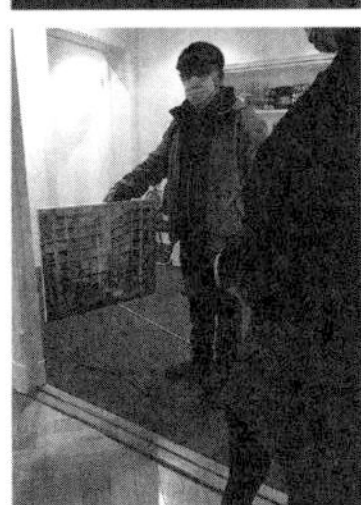
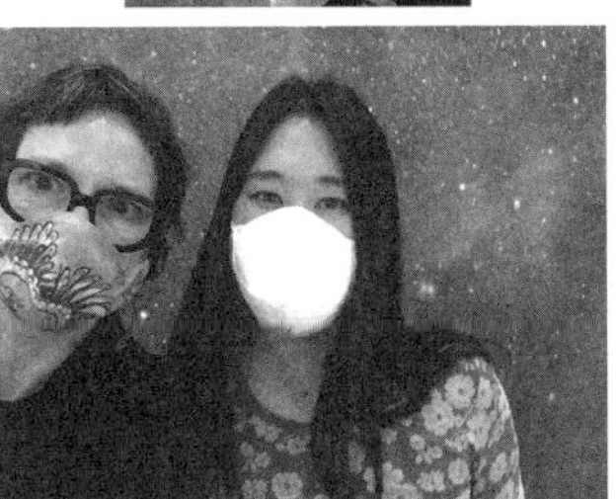
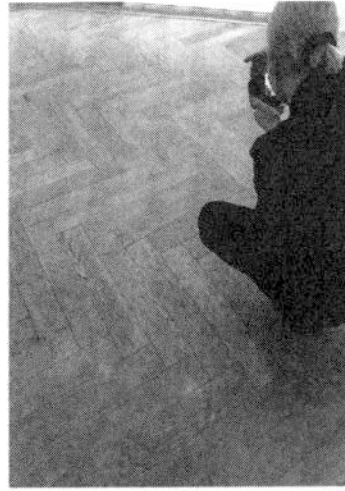
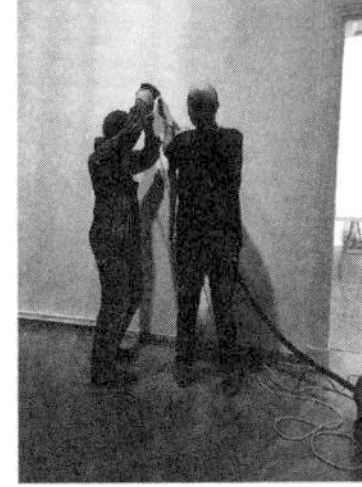
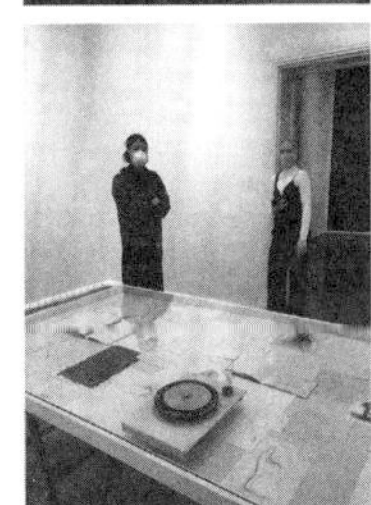
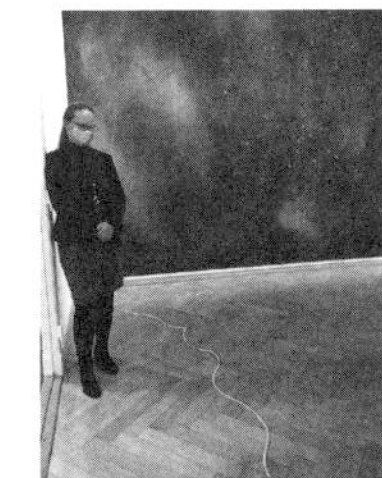
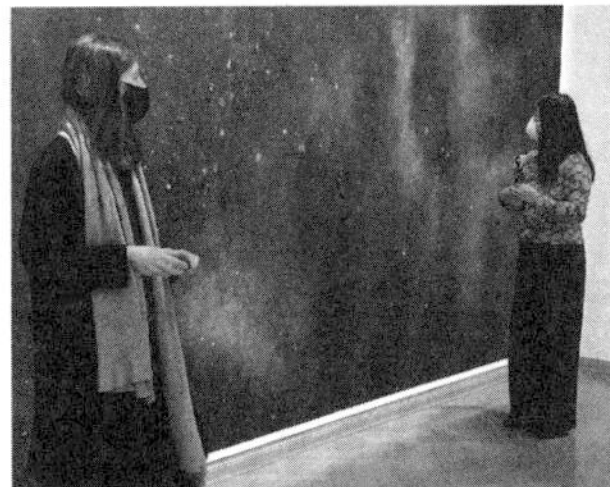
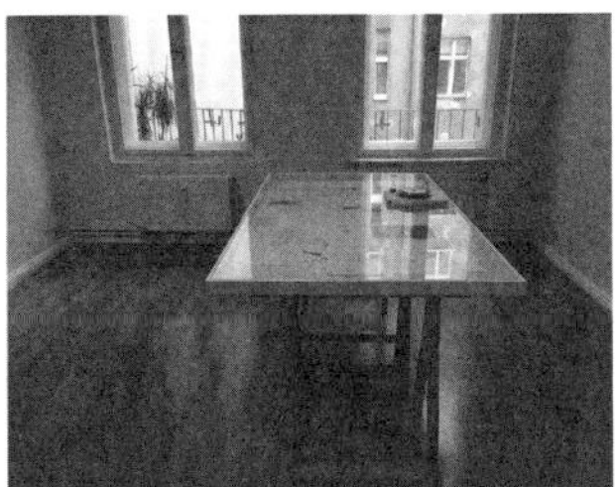
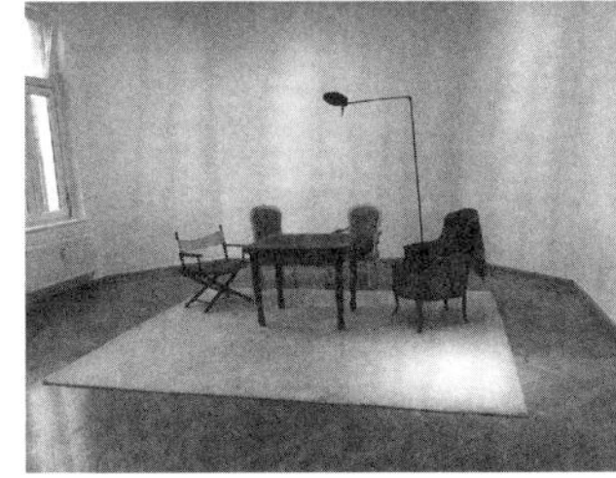

Fujikawa: Ich habe die Mythen aus meiner Heimat mit nach Deutschland gebracht. Ich brauche immer einen Schutz, einen Talismann.

Fujikawa: I brought the myths from my homeland to Germany. I always need protection, a talisman.

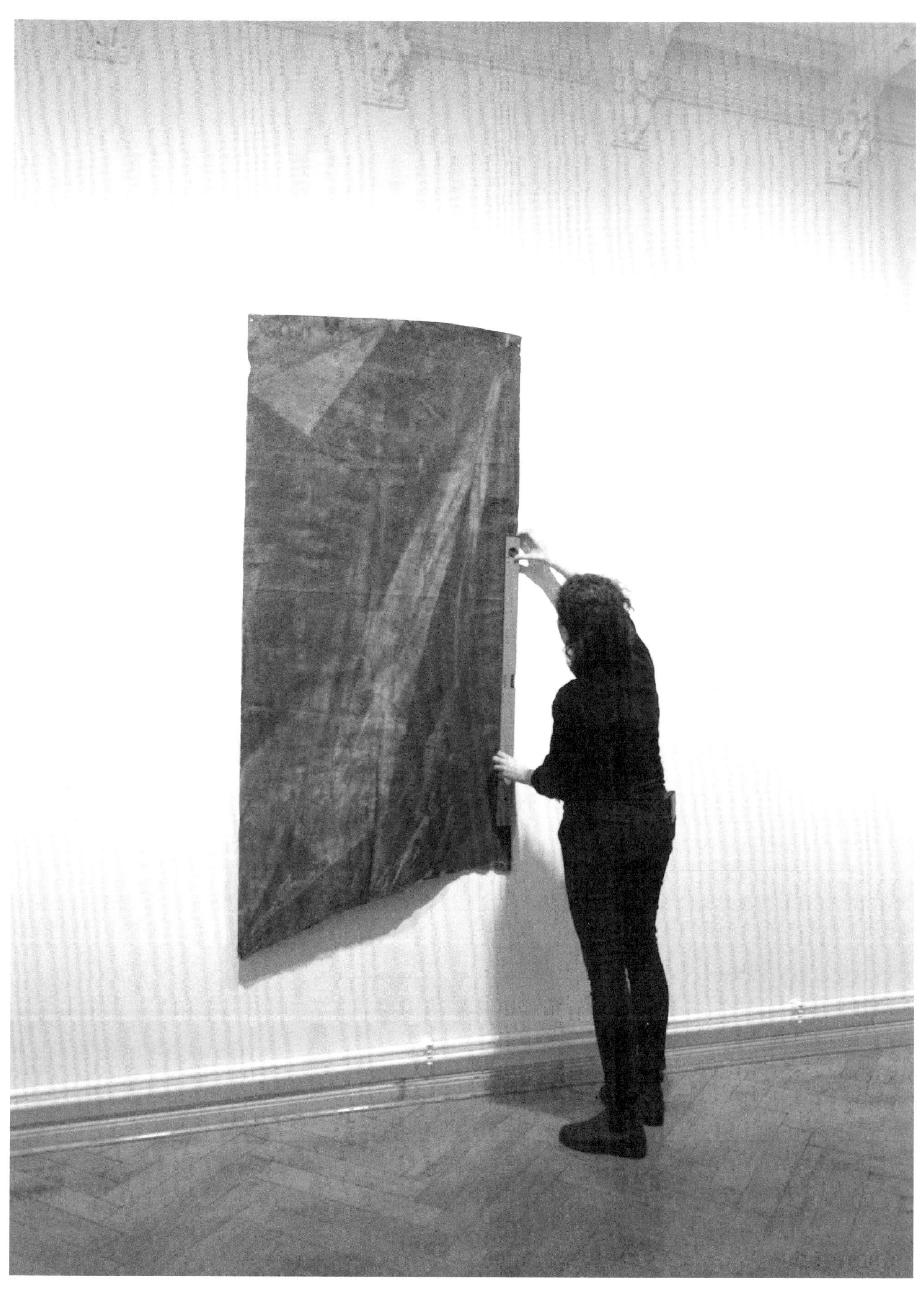

Anna Schapiro, Galerie Pankow, Berlin,
19. November 2020

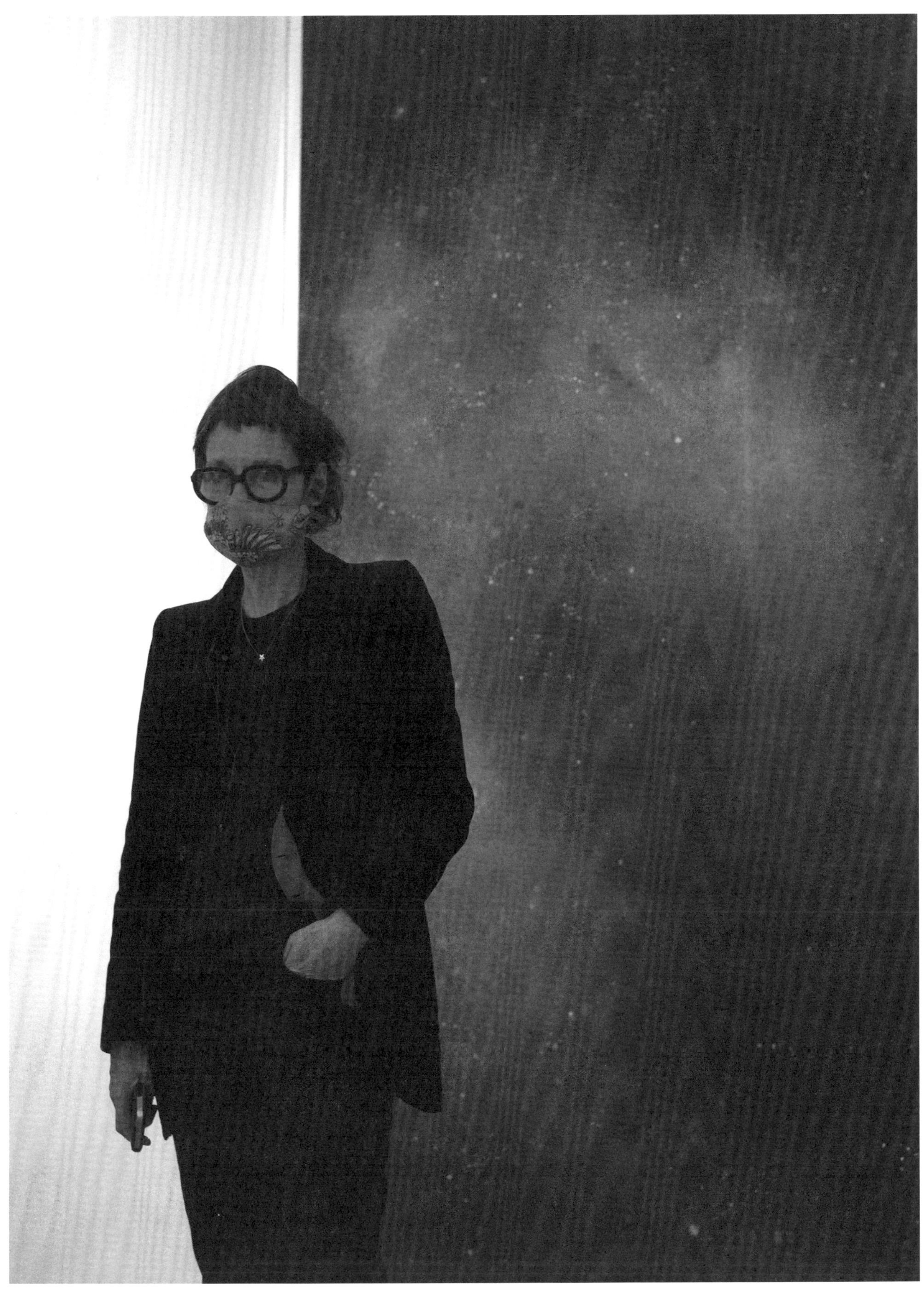

Valérie Favre, Galerie Pankow, Berlin,
19. November 2020

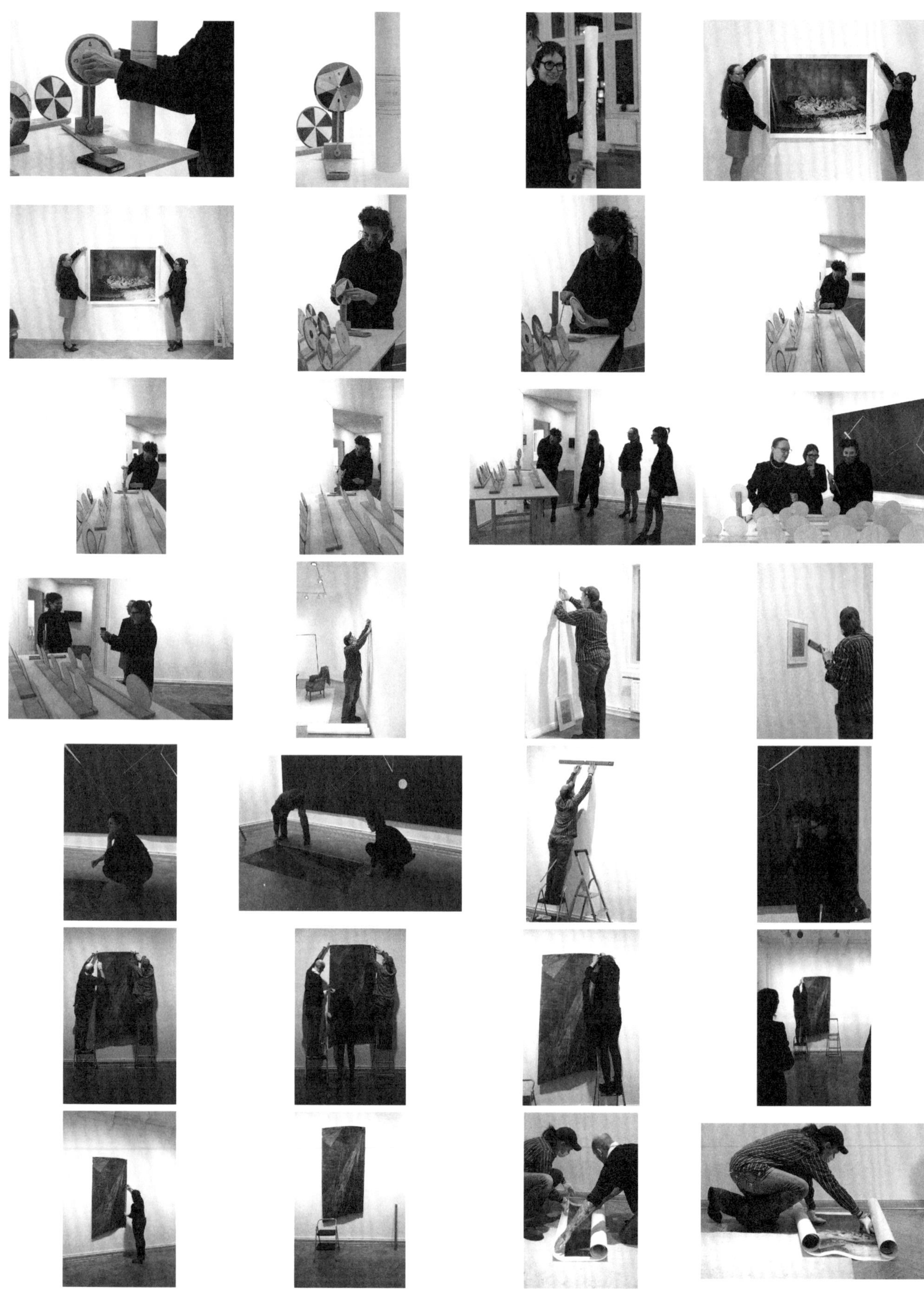

Schapiro: Ich habe solch eine Empfindung, wenn ich
ins Atelier gehe, so wie andere zu ihrem Job. Kei-
ner schaut, ob ich erscheine - man ist sich völlig
selbst überlassen. Dann sitze ich da und es passiert
vielleicht tagelang nichts. Vielleicht ist das wie
eine Art von Exil? Eine Art, sich außerhalb dessen
zu befinden, das wir als Gesellschaft oder als Leben
bezeichnen, wo etwas funktioniert oder in festen
Bahnen ist.

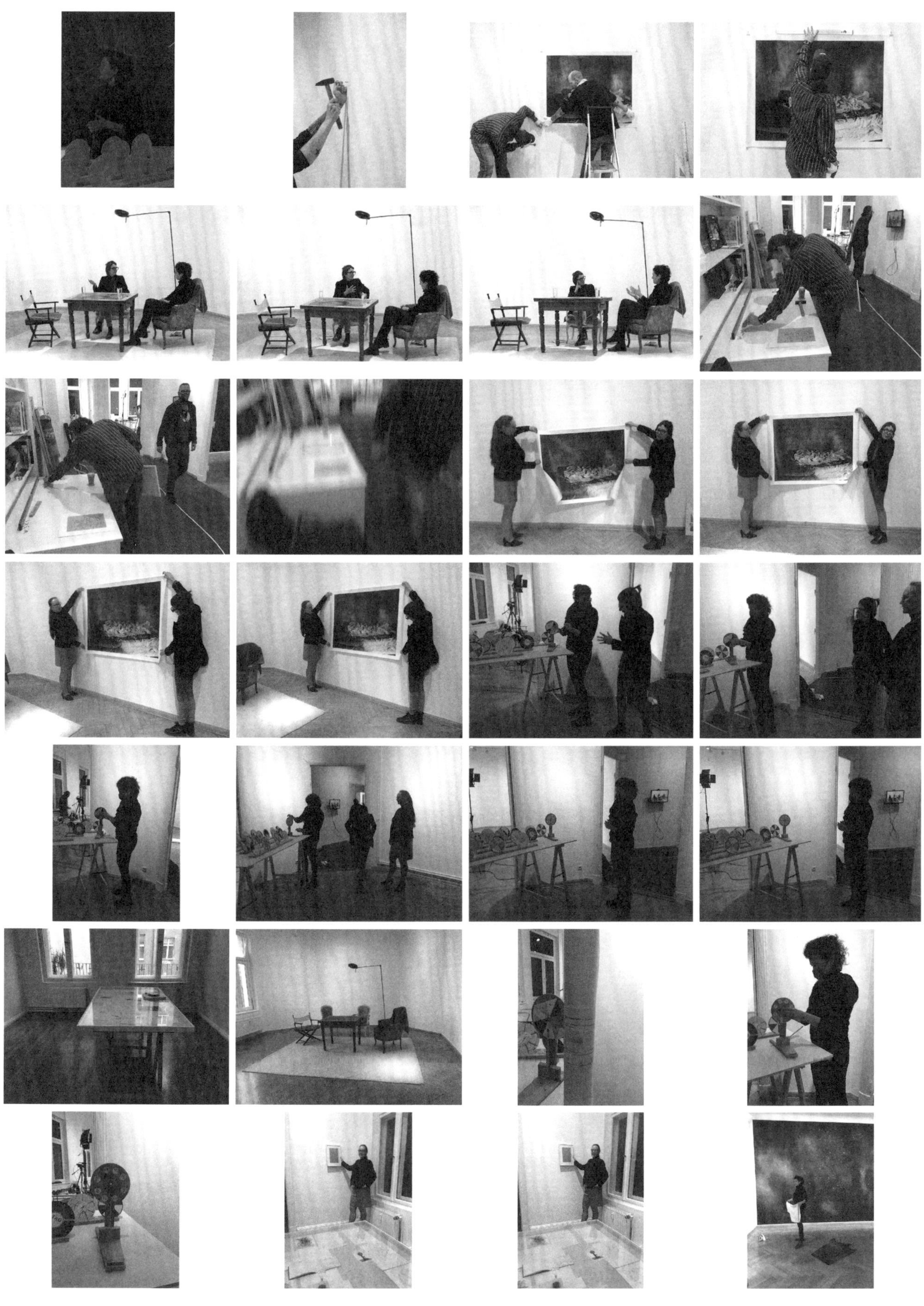

Schapiro: I have such a feeling when I go to the studio, like when others go to their jobs. Nobody notices if I show up or not—you are completely left to your own devices. Then I sit there and maybe nothing happens for days. Maybe this is like some kind of exile? A way of being outside of what we call society or life, where something works or is in a fixed position.

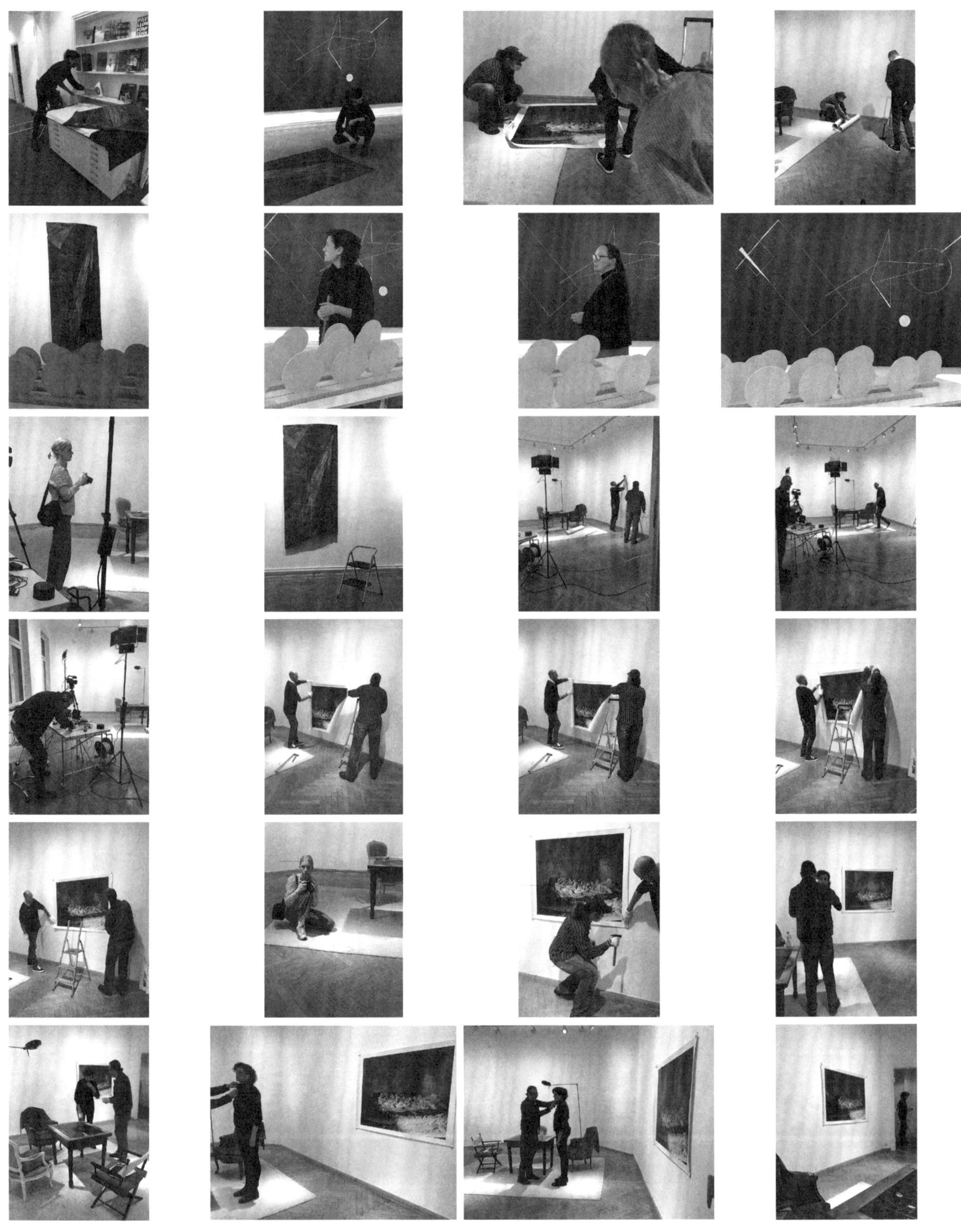

Favre: Es klingt wie ein Stück Musik … Der Begriff
des Exils erzeugt eine Resonanz in mir, in meinem
Herzen, in meinem Geist. Und er hat mit Menschen zu
tun, die du verlassen hast, oder die dich verlassen
haben, eine Art positiver Einsamkeit.

Favre: It sounds like a piece of music … The concept
of exile creates a resonance in me, in my heart, in
my mind. And it has to do with people you left or
who left you, a kind of positive loneliness.

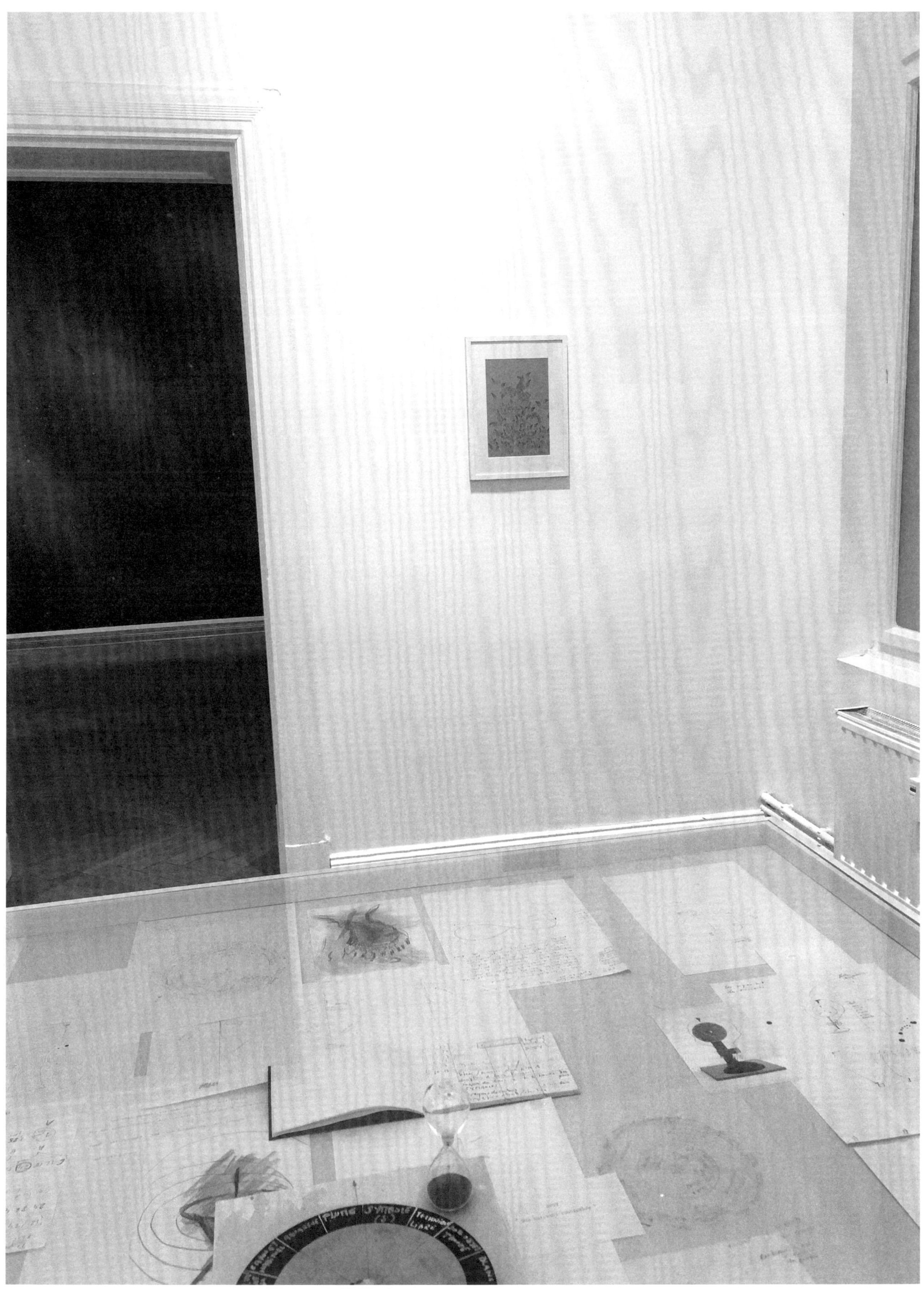

Ausstellungsansicht: Valérie Favre, *Kosmos*, 2020 und Vitrine mit den *La Poulinières*, 1989/2017, Robert Gabris, *Tajsa*, 2019

Exhibition view: Valérie Favre, *Kosmos*, 2020 and showcase with *La Poulinières*, 1989/2017, Robert Gabris, *Tajsa*, 2019

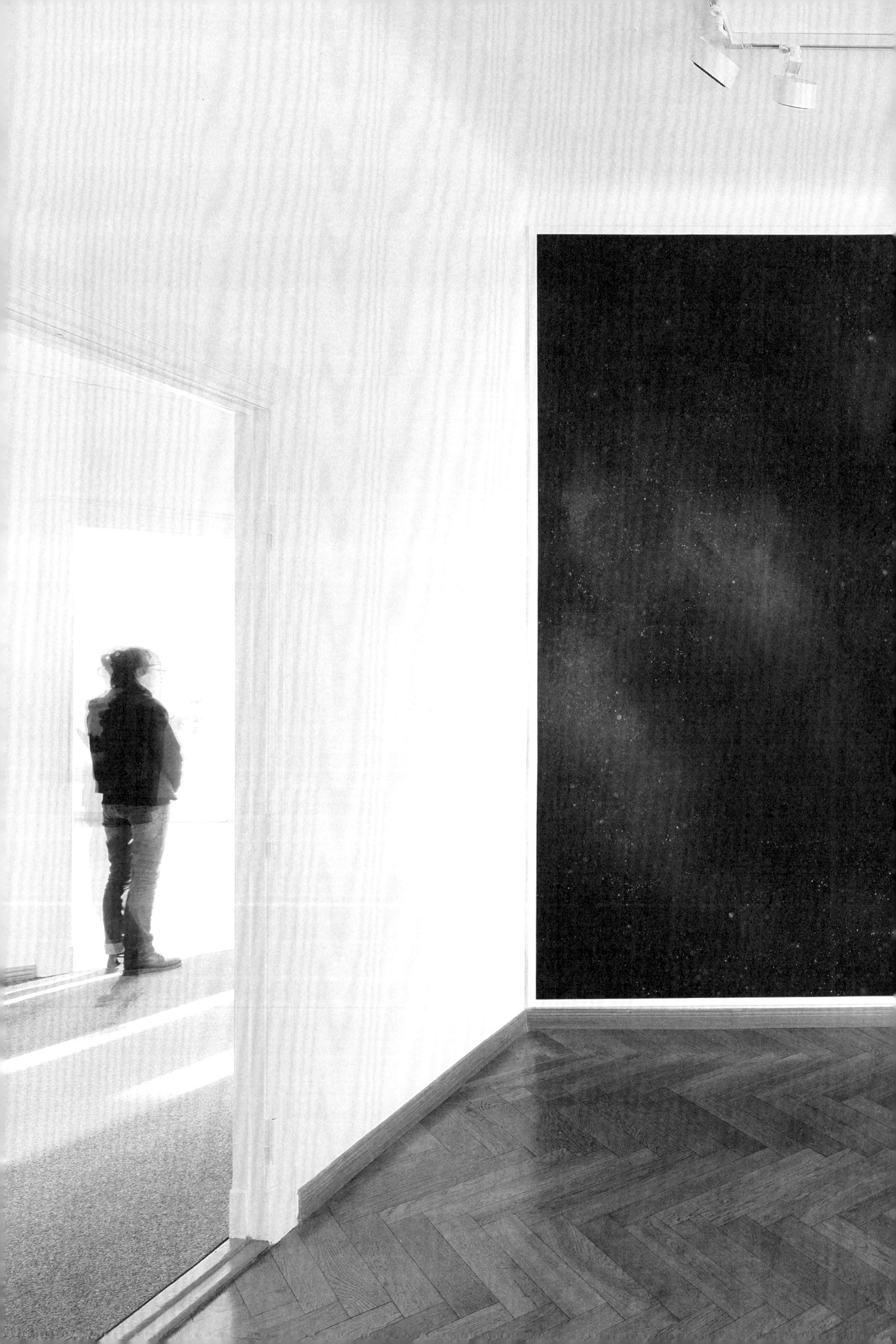

Ausstellungsansicht Exhibition view: Valérie Favre,
Kosmos, 2020, Sammlung Collection Wemhöner

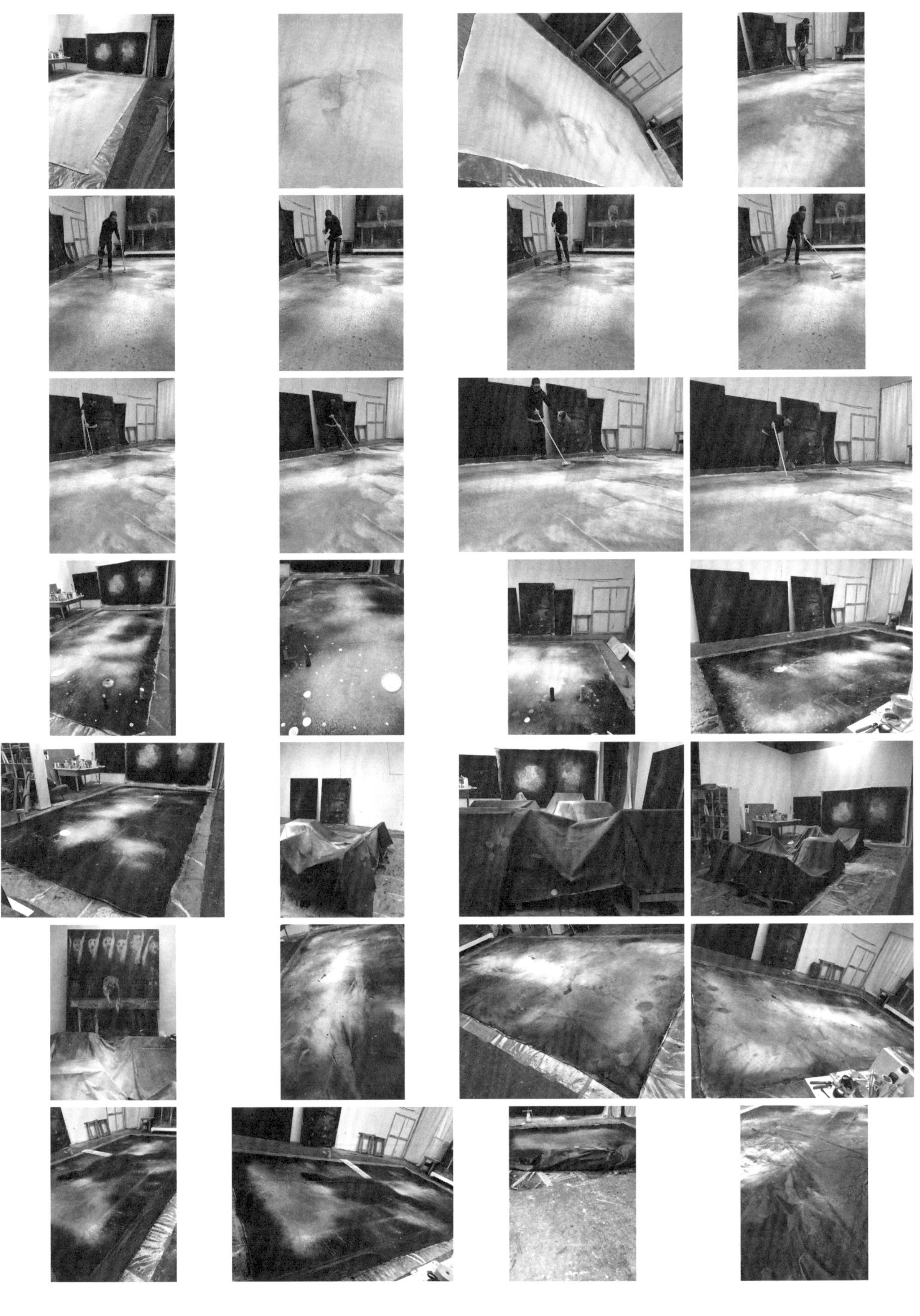

Entstehung von *Kosmos*, Atelier Valérie Favre,
Berlin, Frühjahr 2020

Creation of *Kosmos*, studio Valérie Favre, Berlin,
spring 2020

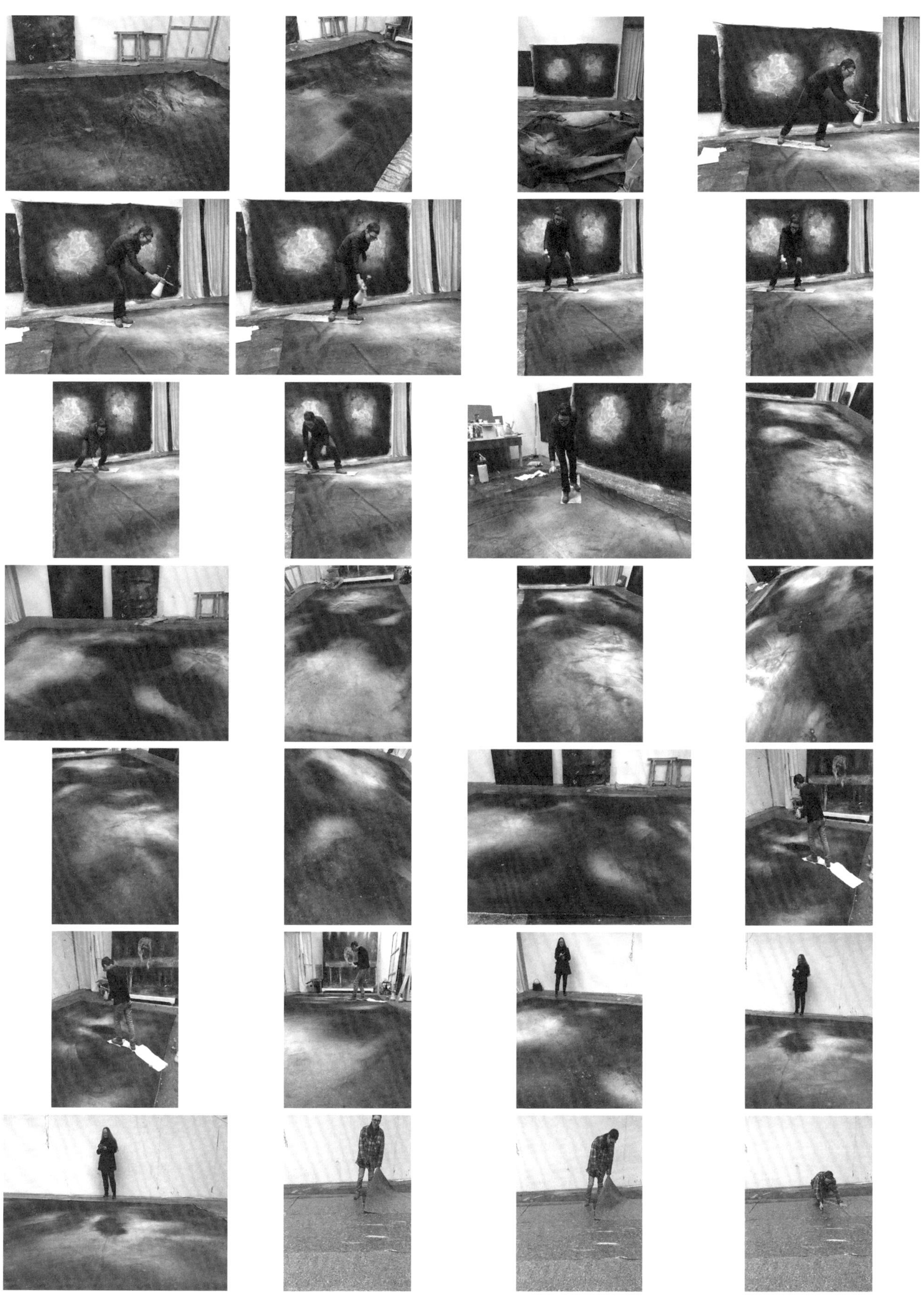

Entstehung von *Kosmos*, Atelier Valérie Favre,
Berlin, Frühjahr 2020

Creation of *Kosmos*, studio Valérie Favre, Berlin,
spring 2020

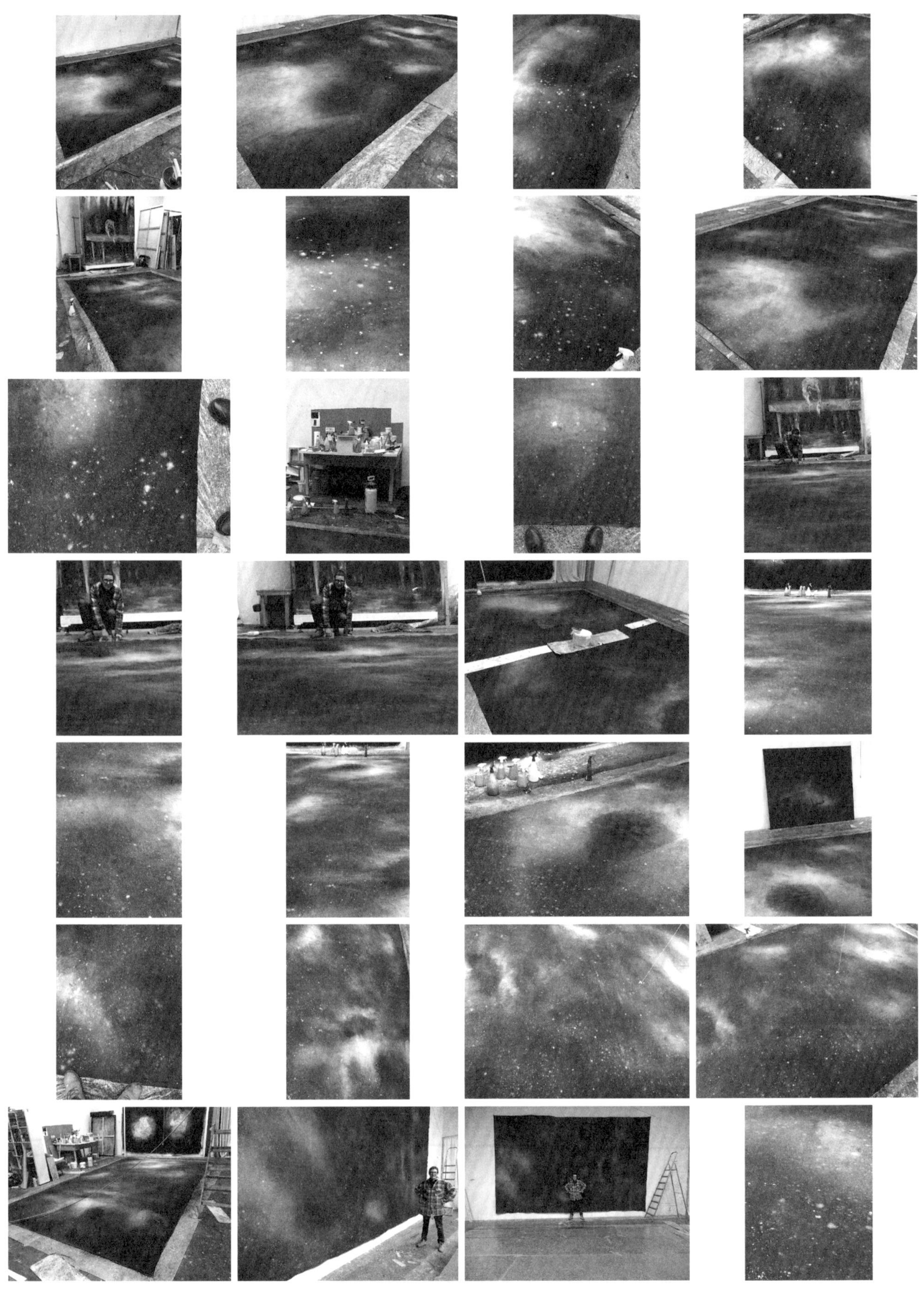

Entstehung von *Kosmos*, Atelier Valérie Favre,
Berlin, Frühjahr 2020

Creation of *Kosmos*, studio Valérie Favre, Berlin,
spring 2020

Valérie Favre, *Kosmos*, 2020, Tusche auf Baumwolle,
370 x 580 cm (Ausschnitt), Sammlung Wemhöner

Valérie Favre, *Kosmos*, 2020, ink on cotton,
370 x 580 cm (detail), Collection Wemhöner

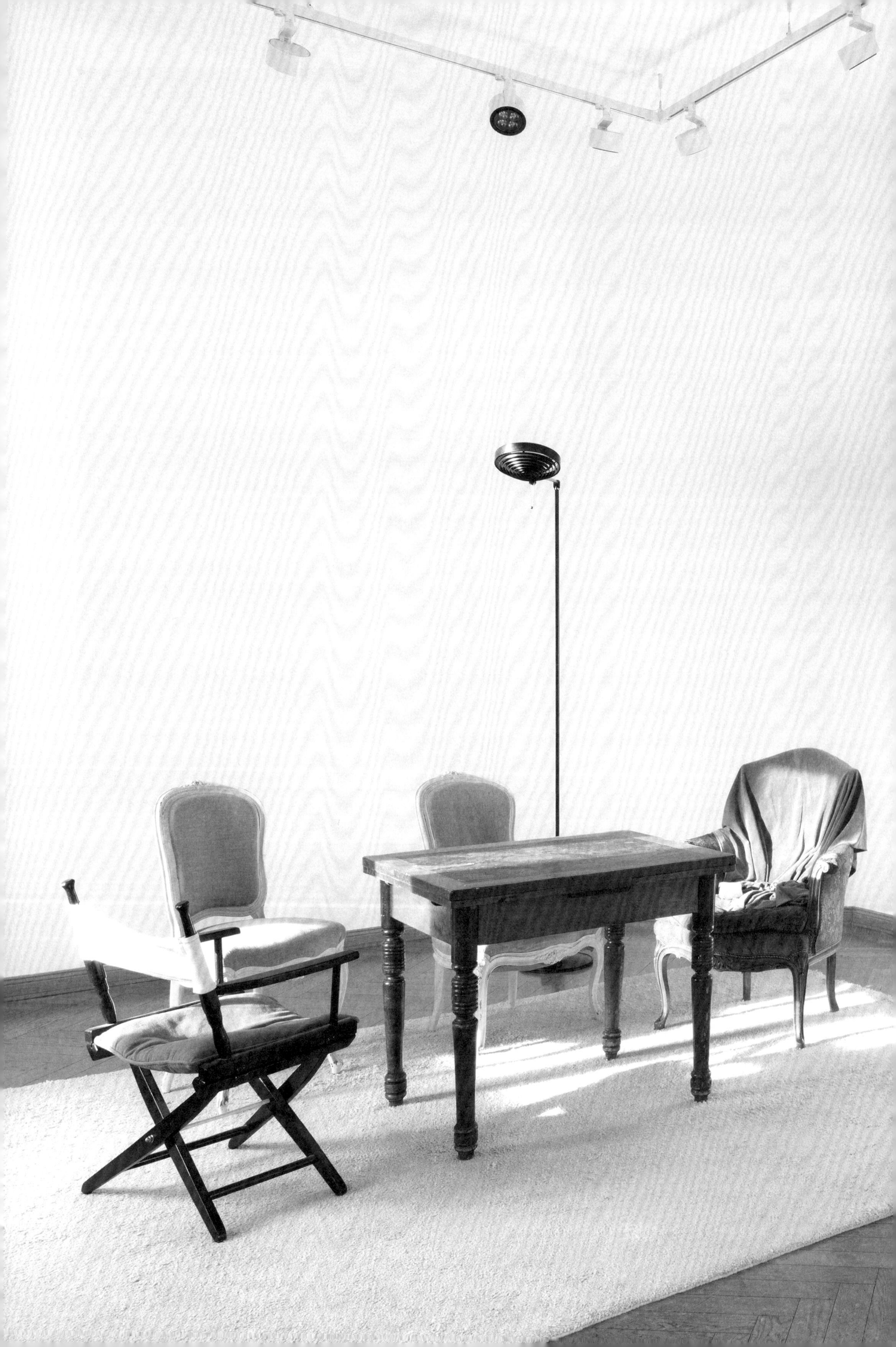

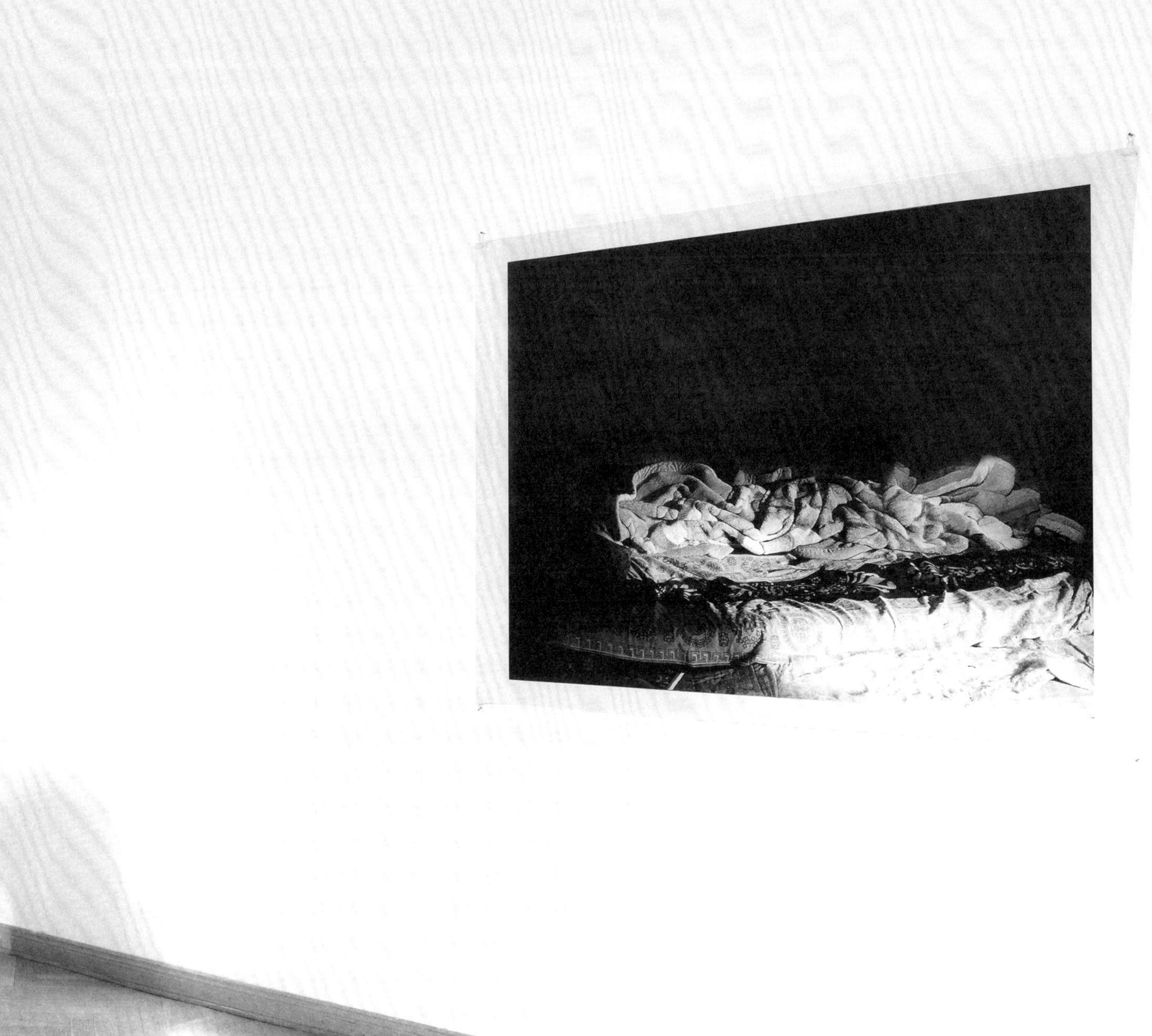

Ausstellungsansicht Exhibition view: Valérie Favre,
Wohnzimmermöbel living room furniture
Vanna Karamaounas, *Série Exo Mattresses*, n°V, 2015

Valérie Favre und Annette Tietz
im Gespräch

Annette Tietz: Du bist Malerin. In deiner Arbeit beschäftigst du dich mit Themen wie der Aura des Künstlers in der Gesellschaft oder der Zuschreibung überkommener Geschlechterrollen. Dabei greifst du in immer neuen Werkgruppen einzelne Gemälde oder auch Motivgruppen aus der Kunstgeschichte auf, befragst sie neu und unterziehst sie einem malerischen Prozess, den du auch als „Redescription" oder Reinszenierung bezeichnest. Welches Potential haben für dich diese Bilder der Kunstgeschichte und warum greifst du sie wieder auf?

Valérie Favre: Die „Redescription" von Bildern oder Fotografien, die schon existieren, ist eine Kategorie meiner Arbeitsweise. Ich verwende sie als eine Art Plattform von Entwicklungen, denn darin ist schon alles enthalten: die Geschichte, die Symbolik, die Archetypen. All dies ist schon bewohnt und ich nutze den Rahmen, um daraus eine neue Inszenierung zu bauen, um sie gewissermaßen zu reinszenieren.

Die Referenzen an die Kunstgeschichte und das serielle Arbeiten haben sehr viel zu tun mit einer Art von Konstellation, so wie man sie im Universum findet. Es ist für mich wie ein Schema, wie Strukturen, in denen ich mich finden kann. Manchmal bewege ich mich auch wie in einem Universum ohne Sauerstoff…

A.T.: In einem Text in einem deiner Kataloge schreibt der Autor Thomas Hirsch[1] über Archetypen in der Kunst und gerade auch in der Literatur, die nach Carl Gustav Jung in uns wohnen und immer wieder in unterschiedlichen Zusammenhängen auftauchen, so wie etwa der Kaspar, die Großmutter und viele mehr – das fand ich ein ganz schönes und auch sehr treffendes Bild. Wir leben ja nicht allein auf der Welt, sondern sind auch ein Speicher, nicht nur von Energie, sondern auch von Geschichten und Interpretationen über unsere Welt, über uns und die Welt – und dass dies bei dir immer wieder auftaucht, hat, vermute ich, auch etwas mit einem starken Unterbewusstsein zu tun, sonst könntest du diese Figuren ja nicht evozieren.

V.F.: Das ist mit vielen Erlebnissen und Lektüren verbunden. Du erwähnst Carl Gustav Jung, dem ich

Valérie Favre and Annette Tietz
in conversation

Annette Tietz: You are a painter. In your work you deal with themes like the aura of the artist in society or the attribution of traditional gender roles. In the process, you seize upon individual paintings or groups of motifs from art history in ever new groups of works, query them anew and subject them to a painterly process that you also refer to as "redescription" or restaging. What potential do these images from art history have for you and why do you revisit them?

Valérie Favre: The "redescription" of paintings or photographs that already exist is a category of my work method. I use them as a kind of platform of developments because they already contain everything: the story, the symbolism, the archetypes. All of this is already inhabited, and I use the frameworks to construct a new production from them, to restage them to some extent.

The references to art history and serial works have very much to do with a kind of constellation, as they are found in the universe. For me it is like a schema, like structures in which I can find myself. Sometimes I also move like in a universe without oxygen…

A.T.: In a text in one of your catalogues, the author Thomas Hirsch[1] writes about archetypes in art and especially in literature, which, according to Carl Gustav Jung, live within us and re-emerge again and again in various contexts, for example, the Kaspar, the grandmother and many more—I found this to be a lovely and very appropriate image. We are not alone in the world, but are instead a reservoir, not only of energy, but also of stories about and interpretations of our world, about us and the world—and that this re-emerges again and again for you, also has, I suspect, something to do with a strong unconscious, as you would otherwise not be able to evoke these figures.

V.F.: This is linked with many experiences and much reading. You mention Carl Gustav Jung, who I feel close to and who is especially important to me, like psychoanalysis generally, as well as the literature.

---

1 Thomas Hirsch: „Von Anfang an. Auktoriale Schöpfung und Partizipation bei Valérie Favre", in: *Valérie Favre*, Ausst.Kat. Von der Heydt-Kunsthalle, Wuppertal-Barmen, 28.8.2016–08.01.2017, Dortmund, 2016, S. 119–127.

1 Thomas Hirsch: "Von Anfang an. Auktoriale Schöpfung und Partizipation bei Valérie Favre" (From the beginning. Authorial creation and participation with Valérie Favre), in: *Valérie Favre*, exhibition cat. Von der Heydt-Kunsthalle, Wuppertal-Barmen, 28.8.2016–08.01.2017, Dortmund, 2016, p. 119–127.

sehr nahe stehe und der sehr wichtig für mich ist, wie die Psychoanalyse überhaupt und ebenso die Literatur.

A.T.: Das Disparate der Welt in unserer Wahrnehmung, unserer Lebenssituation zieht sich ja bis heute durch – das sehe ich ein bisschen als Prinzip und auch als Struktur von deiner Arbeitsweise: also nicht das einzige oder endgültige ausformulierte Bild als Aussage zu schaffen, sondern dieses Disparate, das Nebeneinander, das Geschichtliche, die eigene Verortung im Bild stehen zu lassen oder eben auch ein Bild dafür zu finden.

V.F.: Genau das ist die Konstruktion, die dahinter steckt, deswegen brauche ich unbedingt den Zyklus, weil ein einziges Bild da nicht genügt…

A.T.: …deswegen ist die Arbeit in Zyklen für dich auch sehr kennzeichnend. Deine Arbeitsweise in Zyklen besteht aus unterschiedlichen Themen, unterschiedlichen Strukturen. Du arbeitest ja auch nicht nur malerisch, sondern wie jetzt im Fall unserer Ausstellung auch in Form eines Projektes, was für dich ja ungewöhnlich ist.

V.F.: Ja, es ist ungewöhnlich! Danke für diese Einladung, es ist phantastisch, dass ich einfach so mit solch einer ungewöhnlichen Idee kommen durfte, eine Ausstellung erstmals ohne Bilder oder fast ohne Bilder zu präsentieren! Deine Einladung kam im richtigen Moment und ich dachte von Beginn an daran, die Galerieräume als leere Wohnung zu nutzen und nicht als Wände für Bilder. Und da kam ich sehr schnell auf das Thema des Exils, weil ich oft damit konfrontiert bin – wegen der Muttersprache, wegen der Sprache…

A.T.: Das Thema des Exils hat ja in den letzten Jahren – nicht zuletzt nach den letzten großen Flüchtlingswellen – eine sehr große Bedeutung in der Öffentlichkeit und auch in den politischen Diskussionen bekommen. Du hast nun für die Ausstellung Künstler*innen eingeladen, die, so wie du, in anderen Ländern, anderen Kulturen geboren wurden und aufgewachsen sind, jetzt zum Teil in Deutschland leben und sich durchaus im Exil befinden – allerdings haben sie solche existentiellen Erfahrungen wie Flucht, Vertreibung, Gewalt ja so nicht erlebt.

A.T.: The disparate of the world in our perception, our life situation, still persists to the present day – I see this a little bit as a principle and as the structure of your work method: thus not to create the only or ultimately formulated image as a statement, but instead allowing this disparate, the juxtaposition, the historical, one's own positioning in the image to stand as it is or even to find an image for it.

V.F.: Precisely that is thus the construction behind it, which is why I absolutely need the cycle, because a single image does not suffice there…

A.T.: …which is why the work in cycles is also very characteristic for you. Your work method in cycles consists of various themes, different structures. You do not only work pictorially, but instead also in the form of a project, as now, in the case of our exhibition, which is unusual for you.

V.F.: Yes, it is unusual! Thank you for this invitation. It is fantastic that I could simply come with such an unusual idea, like presenting an exhibition without paintings, or nearly without paintings, for the first time! Your invitation came at the right time and I thought from the start about using the gallery rooms as an empty apartment and not as walls for paintings. I very quickly arrived at the theme of exile, because I am often confronted with it, due to my native language, due to language…

A.T.: The theme of exile has assumed great importance in the public and in political discussions – not least following the last big waves of refugees. For this exhibition, you have invited artists who, like yourself, were born in and grew up in other cultures, who now partly live in Germany and are very much in exile. However, they have not faced such existential experiences as flight, forced migration or violence.

V.F.: Leaving aside the causes of war and persecution, the freely chosen exile of artists is different from that of global refugees and those fleeing. The artists who move from country to country without pressure are surely privileged. I would not actually describe this as exile. However, we will look at this more closely in the discussions in the gallery. The title is "Exile", but with it I meant more of a "golden" exile. I want to discuss exile in its diverse aspects and

V.F.: Abgesehen von Ursachen des Krieges und der Verfolgung ist das frei gewählte Exil von Künstler*innen ein anderes als das der weltweit Geflüchteten und Flüchtenden. Die Künstler*innen, die sich ohne Druck durch die Länder bewegen, sind ganz sicher privilegiert. Ich würde dies eigentlich nicht als Exil beschreiben. Aber das werden wir in den Gesprächen in der Galerie erfragen. Der Titel ist zwar „Exil", aber ich meinte damit mehr eine Art „goldenes" Exil. Das Exil in seinen vielfältigen Aspekten und Erscheinungsformen – als universale Erscheinung, als Moment des Ephemeren, als eng mit der Sprache verbundenes Problem, als persönlich-individuelle Frage, als Extremfall von ‚Heimatlosigkeit' möchte ich im Dialog mit den eingeladenen Künstler*innen diskutieren.

A.T.: Was verstehst unter dem Begriff Heimat oder wo ist für dich deine Heimat?

V.F.: Meine Heimat ist meine Muttersprache. Das bedeutet Französisch – es kann irgendein Ort sein, wo man Französisch spricht. Welcher es sein wird, weiß ich noch nicht. Aber ich denke, ich werde wieder durchs Universum fliegen, um an einem anderen Ort zu landen.

A.T.: Deine künstlerische Laufbahn begann im Theater und im Film. Bis heute bestimmt das Performative in hohem Maße deine gesamte künstlerische Arbeit. Die Szenerie in deinen Bildern hat oft bühnenartige Strukturen. Du benutzt Strategien des Theaters und des Films wie etwa Schnitt und Montage, Verlangsamung der Handlung oder das Erzählen aus dem Off. Du hast gesagt, du benutzt die Malerei, weil du insgeheim eine stille Regisseurin bist. Ist das jetzige Projekt in der Galerie Pankow auch ein Anknüpfen an performative Strukturen?

V.F.: So gesehen, schon. Die Bühne ist jetzt nicht mehr nur das Gemälde, die anfangs weiße Leinwand…

A.T.: Du nutzt auch die Galerie als Bühne, in den einzelnen Räumen finden unterschiedliche Akte, Handlungen, Veranstaltungen statt.

V.F.: Das war auch die Idee des Projektes: eine Entwicklung, eine Transformation von A bis Z. Im Verlauf der Ausstellung wird stets etwas passieren. Das Thema Zeit ist für mich dabei extrem wichtig – nicht

manifestations in a dialogue with the invited artists as a universal phenomenon, as a moment of the ephemeral, as a problem closely linked with language, as a personal-individual question, as an extreme case of 'rootlessness'.

A.T.: What do you understand under the term *Heimat* (homeland), or where is your *Heimat*?

V.F.: My *Heimat* is my native language. That means French—it can be a place where French is spoken. I do not know which it will be yet. However, I think I will fly through the universe again and land in a different place.

A.T.: Your artistic career began in theatre and film. Even today, the performative defines all your artistic work to a great extent. The scenery in your paintings often has a stage-like structure. You use strategies of the theatre and of film, like editing and montage, deceleration of the action or off-stage narration. You have said that you use painting because you are a secret director. Is the present project in the Galerie Pankow also linked with performative structures?

V.F.: Seen this way, yes. The stage is now no longer only the painting, the initially white canvas…

A.T.: You also use the gallery as a stage. Various actions, activities and events take place in the individual rooms.

V.F.: That was also the idea of the project: a development, a transformation from A to Z. Something will always be happening during the exhibition. The theme of time is thereby extremely important to me—not with reference to its passing, to ageing, but instead in the sense of *Kairos*.

A.T.: And you are now attempting with this project to make time, the passage of time and a development visible. I find this interesting, which is why I immediately agreed. The classic course of an exhibition does not exist here. With your project, we have a completely different situation: nothing is there for the opening. And what will then develop?

in Bezug zu ihrem Vergehen, zum Altern, sondern im Sinne des Kairos.

A.T.: Und du versuchst jetzt, in diesem Projekt Zeit, Zeitablauf und auch eine Entwicklung sichtbar zu machen. Das finde ich interessant und deshalb hatte ich auch sofort zugesagt. Der klassische Ablauf einer Ausstellung ist hier nicht gegeben, wir haben mit deinem Projekt eine völlig andere Situation: Zur Eröffnung ist nichts da. Und was wird sich dann entwickeln?

V.F.: Man kann die Entstehung und die Entwicklung einer Idee verfolgen, von einem Moment zum nächsten. Die Zeit ist dabei wie das Wasser, das man versucht in der Hand zu halten, und es fließt zwischen den Fingern durch. Im ersten Moment der Eröffnung ist sicher auch mit Enttäuschung zu rechnen.

A.T.: Lassen wir uns überraschen *[lacht]*, auf diesen Moment freuen wir uns ja schon.

Ich finde das großartig, dafür ist ein kommunaler Ort ja auch da, dass man so ein Experiment wagen kann, um etwas sichtbar zu machen, das vielleicht nicht so naheliegend ist, das Kunst aber ganz eminent auch ausmacht.

Das Moment des Ephemeren greifst du ja stark auf und hast auch eine schöne Form dafür gefunden – vielleicht kommen wir damit zur *La Poulinière*. Du beziehst dich mit *La Poulinière* auf Marcel Duchamp und seine Readymades, insbesondere auf seine *3 Stoppages étalon* (1913–14) und deren konstituierende Aktion. Duchamp bestimmt die Länge eines Standardmeters durch den Fall von drei Seilen dieser Länge, die in Wellen auf dem Boden liegen bleiben. Duchamp steht als Synonym für den Beginn der Avantgarde in der Kunst. Was verbindest du mit Duchamp, warum hast du seine Readymades aufgegriffen? Geht es dir um den Akt des Beginnens oder eher um das Unkalkulierbare, den Zufall, der in aller kreativen Arbeit steckt? Wie bringst du die *Poulinière* in der Ausstellung zum Einsatz? Das Thema spielt seit den 1980er-Jahren eine Rolle in deiner künstlerischen Arbeit. Du hast mehrere Objekte der *Poulinière* über die Zeit entwickelt – die *Ur-Poulinière* von 1989, die *Reise-Poulinière*, jetzt eine eigens für die Ausstellung angefertigte *Poulinière* mit variablen Scheiben. Darin liegt auch eine Kontinuität im Ungleichzeitigen. Welchen Bezug siehst du zu deinem künstlerischen Schaffen insgesamt? Gibt es eine Entsprechung in deiner Malerei oder ist es ein separater

V.F.: One can follow the origination and the development of an idea from one moment to the next. Time is here like the water one tries to hold in one's hands, while it flows between the fingers. Disappointment can surely be anticipated in the initial moment of the opening.

A.T.: Let us allow ourselves to be surprised *[laughs]*. We are looking forward to that moment.

I find that wonderful. That is what a communal location is for, for daring such an experiment, for making something visible that is perhaps not so apparent, but which also distinguishes art quite eminently.

You pick up on the moment of the ephemeral quite strongly and have also found a beautiful form for this, which is how we can now first approach *La Poulinière*. With *La Poulinière*, you refer to Marcel Duchamp and his readymades, especially to his *3 Stoppages étalon* (1913–14) and their constituting action. Duchamp determined the length of a standard metre by letting three ropes of this length fall, which remain lying in waves on the floor. Duchamp is synonymous with the beginnings of the avant garde in art. What links you with Duchamp? Why have you adopted his readymades? Is it about the act of beginning for you, or does it have more to do with the incalculable, the coincidence inherent to all creative work? How do you utilise the *Poulinière* in the exhibition? The theme has played a role in your artistic work since the 1980s. You have developed several objects of the *Poulinière* over time—the *Original Poulinière* from 1989, the *Travel Poulinière*, and now a *Poulinière* with variable discs produced specifically for the exhibition. Here one also finds continuity in the non-simultaneity. What reference do you see to your artistic oeuvre as a whole? Is there a counterpart in your painting or is it a separate branch of action in your art? Perhaps you can explain the idea behind it more precisely.

V.F.: This is an important theme for me and a core of the exhibition. The third *Poulinière* is an important figure for this staging. My first originated in Paris back then and has something to do with my entire development. This object appears like a star, like a metaphor for the entire time of the exhibition.

At that time in Paris, when I began to occupy myself with the *Poulinière*, I often visited the Collège international de philosophie. It was a challenge for me, because I wanted to learn more about mathematics,

Handlungszweig in deiner Kunst? Vielleicht kannst du die Idee dahinter noch etwas genauer erklären.

V.F.: Das ist ein wichtiges Thema für mich und ein Kern der Ausstellung. Die dritte *Poulinière* ist eine wichtige Figur für diese Inszenierung. Meine erste ist damals in Paris entstanden und sie hat auch mit meiner ganzen Entwicklung zu tun. Dieses Objekt erscheint wie ein Stern, wie eine Metapher für die ganze Zeit der Ausstellung.

Damals in Paris, als ich begann, mich mit der *Poulinière* zu beschäftigen, besuchte ich oft das Collège international de philosophie. Es war für mich eine Herausforderung, weil ich von Mathematik, Logik, Kunstgeschichte, Kunsttheorie mehr erfahren wollte und dieses Collège war für alle geöffnet. Jeden Mittwochabend war ich zwei Stunden dort, danach setzten sich die Diskussionen oft bei Bier oder Wein fort – das waren schöne intellektuelle Momente für mich, die mir extrem viel, auch viele Ideen, gegeben haben. Ein Mitglied dieses Collège war Thierry de Duve. Besonders beeindruckt war ich von seinen Vorlesungen zu Marcel Duchamp, parallel zu einem Buch, das er über ihn schrieb. Das hat mich im positiven Sinne sehr irritiert. Natürlich ist Duchamp eine Ikone für die ganze Kunstgeschichte, für alle Künstler*innen heute, für die Dada-Bewegung usw. Ich fand alle seine Arbeiten sehr still, sehr klug, sehr schön und hatte doch das Gefühl, da fehlt etwas. Nicht, dass ich mich als besser empfand, aber es fehlte etwas. Gleichzeitig wollte ich trotzdem eine Hommage an Marcel Duchamp mit Bezug zu seiner Arbeit *3 Stoppages étalon*[2] schaffen. Ich dachte mir, ich stelle die Stute daneben, rund, mit gleicher Bewegung und auch mit dem Zeitbezug. So entstand die erste *Poulinière* mit der Sanduhr, die eine Dauer von drei Minuten anzeigt. Sie ist nicht in Pankow zu sehen.

A.T.: Sie hat etwas sehr Spielerisches – die wievielte *Poulinière* ist das jetzt eigentlich? Die erste ist ja von 1989 – die *Ur-Poulinière*, dann gibt es die *Reise-Poulinière* und es gibt die *Poulinière* jetzt für unsere Ausstellung.

V.F.: Genau, es ist die dritte. Die erste ist eine Skulptur geworden, ich benutze sie nicht mehr. Mit der *Reise-Poulinière* arbeite ich, wenn ich längere Zeit unterwegs bin. Sie wird auch mit einer kleinen Erklärung in der Ausstellung zu sehen sein. Und die dritte wurde extra für Pankow gebaut, für den Austausch mit

logic, art history and art theory, and this college was open to all. I was there for two hours each Wednesday evening, and the discussions often continued with beer or wine afterwards—those were lovely intellectual moments for me, which gave me an awful lot, including many ideas. One member of this Collège was Thierry de Duve. I was especially impressed by his lectures on Marcel Duchamp, as well as by a book he had written about him. This agitated me greatly, in a positive sense. Of course, Duchamp is an icon for all of art history, for all artists today, for the Dada movement, etc. I found all his works very quiet, very clever, very beautiful, and yet I had the feeling that something is missing. Not that I felt myself to be something better, but there is something missing. At the same time, I wanted to create a homage to Marcel Duchamp with a reference to his work *3 Stoppages étalon*.[2] I thought, I will place the mare adjacent to it, round, with the same movement and with the time reference. This originated in the first *Poulinière* with the hourglass, which displays a duration of three minutes. This cannot be viewed in Pankow.

A.T.: It has something very playful—which *Poulinière* of how many is that now, actually? The first is from 1989—the *Original Poulinière*, then the *Travel Poulinière*, and now the *Poulinière* for our exhibition.

V.F.: Exactly, it is the third. The first became a sculpture. I no longer use it. I work with the *Travel Poulinière* when I am travelling over a longer period. It can also be seen in the exhibition with a short explanation. And the third was built especially for Pankow, for an exchange with artists, for the chalk drawings, for the entire project. However, after this I will let it rest. Its role and its activity in these six exhibition weeks will then be documented and it becomes an object.

A.T.: The *Poulinière* is then also something like a random generator?

V.F.: Rules and coincidence also encounter one another with the Pankow *Poulinière*. It is used, for example, for the invitations to the artists. In the gallery, not only my works are shown, but also one work from each of them respectively, which they bring with them to the exhibition from their studio. The *Poulinière* then defines how long the work may be presented. Not you, not I, but instead the *Poulinière* as a generator, as

---

2 *Ètalon*: frz. Hengst.

2 *Ètalon*: French: stallion.

den Künstler*innen, für die Kreidezeichnungen, für das gesamte Projekt. Aber danach wird sie ebenfalls ruhen. Ihre Rolle und ihre Aktivität in diesen sechs Ausstellungswochen sind dann dokumentiert und sie wird zum Objekt.

A.T.: Also ist die *Poulinière* dann auch so etwas wie ein Zufallsgenerator?

V.F.: Auch bei der Pankower *Poulinière* treffen Regeln und Zufall aufeinander. Sie kommt beispielsweise bei den Einladungen an die Künstler*innen zum Einsatz. In der Galerie werden nicht nur meine, sondern auch jeweils eine Arbeit von ihnen, die sie aus ihrem Atelier mit in die Ausstellung bringen, gezeigt. Die *Poulinière* wird dann festlegen, wie lange die Arbeit präsentiert werden darf. Nicht du, nicht ich, sondern die *Poulinière* als Generator, als Kurator. Ich sehe das auch als einen wichtigen Aspekt ihrer Rolle an, als Möglichkeit für uns, das Kuratorische zu verlassen und ihr die Entscheidung als eine Art von Zufall zu übergeben…

A.T.: Nicht nur das Kuratorische, sondern auch das Rationale wird damit verlassen, um dem Immateriellen wieder ein bisschen mehr Raum zu geben. Aber du benutzt die *Poulinière* im Rahmen der Ausstellung ja auch selbst…

V.F.: Ja, für die Kreidetafel zum Beispiel: Da lasse ich mir von der *Poulinière* etwa drei oder vier Aufgaben stellen – sie wird dann nach den von mir aufgestellten Regeln entscheiden, was gezeichnet wird und was nicht. Es ist eine Art Glücksrad. Es gibt unterschiedliche Räder, die man tauschen kann, und ein paar davon notieren verschiedene Zeiteinheiten. Die *Poulinière* entscheidet auch, wie lange die verschiedenen Zeichnungen auf der Kreidestafel stehen bleiben. Ich wollte damit der Idee des Ephemeren und Flüchtigen einen Ausdruck verleihen.

A.T.: Im Rahmen der Ausstellung wird das von dir gegründete *Bureau des Suicides* eröffnen. Seit 2000 widmest du dich als Künstlerin dem Thema des Freitods und hast dafür eigens eine Serie von Malereien[3] entwickelt. Die bisher rein künstlerische Perspektive auf das Thema willst du nun erweitern und es aus ganz unterschiedlichen Blickwinkeln beleuchten: soziologisch, geschichtlich, poetisch und philoso-

curator. I also see that as an important aspect of its role, as a possibility for us to abandon the curatorial and to hand over the decision to it as a kind of coincidence…

A.T.: Not only the curatorial, but also the rational is thus abandoned, in order to once again provide the immaterial with a little more space. However, you use the *Poulinière* in the framework of the exhibition yourself…

V.F.: Yes, for the chalkboard, for example: here I let myself be assigned three or four tasks by the *Poulinière* – it is then decided, in keeping with the rules I have set up, what will be drawn and what not. It is a kind of wheel of fortune. There are different wheels, which can be exchanged, and a few of them note various units of time. The *Poulinière* also decides how long the various drawings remain on the chalkboard. I in this way wish to lend expression to the idea of the ephemeral and the transitory.

A.T.: The *Bureau des Suicides*, which you founded, will open in the context of the exhibition. Since 2000, you as an artist have dedicated yourself to the theme of suicide and have developed a series of paintings[3] specifically addressing this theme. You now want to expand the previously purely artistic perspective on the theme and illuminate it from completely different perspectives: sociological, historical, poetic and philosophical. The *Bureau des Suicides* becomes a kind of art lab in which the theme can be discussed at various levels. What is the occasion for you to occupy yourself with the theme, to bring it to public attention, primarily in this form, and to make it the theme of an artistic examination?

V.F.: Following this cycle, this theme remained highly active, the series was concluded. The political spectrum had begun to occupy itself with this theme, but suicide has not been addressed all that often in painting. I attempted this with the brush, paint and surface, processed the theme in painting, but it subsequently continued simmering, it wanted to be further developed, but how? I did not want to make a sculpture or write a text. I then had the idea that one might perhaps initiate an exchange about this with others. Today, one speaks more about this theme than in the 1990s. It is more current, there is more literature

---

3 *Suicide Series*, 2003–2013, Öl auf Leinwand, 129-teilig, je 24 x 18 cm.

3 *Suicide Series*, 2003–2013, oil on canvas, 129 parts, each 24 x 18 cm.

phisch. Es entsteht mit dem *Bureau des Suicides* eine Art Labor, in welchem das Thema auf verschiedenen Ebenen diskutiert werden kann. Was ist für dich der Anlass, dich mit dem Thema zu beschäftigen, es vor allem in dieser Form in die Öffentlichkeit zu tragen und zum Thema künstlerischer Auseinandersetzung zu machen?

V.F.: Nach diesem Zyklus war dieses Thema immer noch sehr aktiv, die Serie war abgeschlossen. Die Politik hatte begonnen, sich mit diesem Thema zu beschäftigen, aber in der Malerei wurde der Suizid nicht allzu oft behandelt. Ich versuchte das mit Pinsel, Farbe, Fläche, habe das Thema malend bearbeitet, aber danach gärte es im Herzen weiter, es wollte weiterentwickelt werden, aber wie? Ich wollte keine Skulptur machen, keinen Text schreiben. Da kam mir die Idee, dass man vielleicht einen Austausch mit anderen darüber initiieren könnte. Man spricht heute mehr über dieses Thema als in den 1990er-Jahren, es ist aktueller, es gibt mehr Literatur darüber auf verschiedenen Gebieten, nicht nur auf dem der Psychologie und Medizin, sondern auch in der Soziologie, der Philosophie. Viele Philosophen wie beispielsweise Albert Camus haben sich intensiv damit beschäftigt. Ich dachte darüber nach und kam auf die Idee, ein Büro zu eröffnen. Ich mag den Aspekt des Büros: „Bureau de l'attitude", usw. Ich sehe das Büro nicht ganz positiv, eher als eine Absurdität unserer Gesellschaft. Also, die Idee des Büros war da, aber wie sie umsetzen? Ich habe zuerst diese Postkarte hergestellt. Deine Zusage war dann so etwas wie ein Elektroschock… Dann habe ich gedacht, ein Büro braucht erst einmal ein Schild an der Haustür. Somit kommt das Büro in die Galerie Pankow wie in ein anderes Büro…

A.T.: …in ein Amt.

V.F.: Ich wollte keine Vorträge hören, sondern auch selbst gern mitdiskutieren, in Form eines Austauschs mit Fragen und Antworten von denjenigen, die sich mit dem Thema auskennen, und dies dann mit Fragen der Kunst verknüpfen, weil ich von dort komme. Es soll dem nichts Biografisches anhaften, sondern eher beleuchten, wie sich das Thema in der Kunst entwickelt hat. Deshalb habe ich den Philosophen und Kulturwissenschaftler Thomas Macho eingeladen, der sich sehr umfassend mit dem Suizid auseinandergesetzt hat. Es war ein großartiger Zufall, das Thomas Macho, wie

about it in various areas, not only in those of psychology and medicine, but also in sociology, of philosophy. Many philosophers, such as Albert Camus, for example, have occupied themselves with this intensively. I thought about this and arrived at the idea to open an office. I like the aspect of the office: *"Bureau de l'attitude"*, etc. I do not see the office entirely positively, but instead more like an absurdity of our society. So, the idea of the office was there, but how to realise it? I initially produced this postcard. Your agreement was then something like an electrical shock. Then I thought that an office first needs a sign on the door. The office is thus brought into the Galerie Pankow like into a different office…

A.T.: …into a government office.

V.F.: I didn't want to hear any lectures, but instead wanted to enter into the discussion myself, in the form of an exchange with questions and answers from those that are familiar with the theme, and then link this with questions of art, because I come from there. Nothing biographical should be appended to it, but it should instead illuminate how the theme has developed in art. I therefore invited the philosopher and cultural scientist Thomas Macho, who has dealt comprehensively with suicide. It was a wonderful coincidence that Thomas Macho, as was immediately made clear in our first preliminary discussion, has also occupied himself with and written about Hugo Ball.

I arrived at the art historian Geraldine Spiekermann because her thesis that a form of dissolution of boundaries of the body that is special for modern art takes place in the flow of tears also touches upon the question of suicide, if from a different perspective. In her dissertation thesis, she conceives of the flow of tears as an act of self-dissolution, as a decomposition of the physical.

A.T.: Suicide is still a taboo theme, which sometimes arises when a prominent person takes their life This is followed by a brief public debate, and it then very quickly disappears from the daily agenda, like the theme of death itself. Death and mourning are existential moments, which have always played a big role in art, where art in turn once again also plays a role in processing death and mourning. Insofar, I also see it as something artistic, how you approach this theme and make it a self-explanatory part of our life.

sich gleich in unserem ersten Vorgespräch heraus-stellte, sich auch mit Hugo Ball beschäftigt und darüber geschrieben hat.

Auf die Kunsthistorikerin Geraldine Spiekermann bin ich gekommen, weil ihre These, dass sich im Tränenfluss eine für die Kunst der Moderne besondere Form der Entgrenzung des Körpers realisiere, die Frage des Suizids ebenfalls berührt, wenn auch aus einer anderen Perspektive. In ihrer Dissertationsschrift begreift sie den Tränenfluss als einen Akt der Selbstauflösung, als eine Zersetzung des Körperlichen.

A.T.: Suizid ist ja nach wie vor ein Tabuthema, das mitunter aufkommt, wenn sich eine prominente Person das Leben genommen hat. Darauf folgt eine kurze öffentliche Debatte und dann ist es sehr schnell wieder von der Tagesordnung verschwunden, wie überhaupt das Thema Tod. Tod und Trauer sind ja existentielle Momente, die in der Kunst immer eine große Rolle gespielt haben, wo auch die Kunst wiederum eine Rolle spielt, um Tod und Trauer zu verarbeiten. Insofern sehe ich es auch als etwas Künstlerisches an, wie du dich diesem Thema näherst und es zu einem selbstverständlichen Teil unseres Lebens zählst.

V.F.: Kunst ist ein Ort, an dem es möglich ist, wieder zu leben. Ich wollte die Freiheit des Einzelnen betonen, das finde ich ganz wichtig. Wir können nicht sagen, wir sind frei und jemand ist schwerkrank und ihm wird diese Freiheit der Selbstentscheidung nicht gewährt. Es gibt diese „Exit"-Organisation in der Schweiz, dazu habe ich auch ein kleines Bild gemalt. „Exit" ist ein Büro, wo man, wenn man schwerkrank ist, sagen darf: „Ich will nicht mehr."

A.T.: Ich denke dabei sofort auch an das Thema Euthanasie… Ich habe ja in Berlin-Buch das Denkzeichen[4] mitinitiiert und dafür gesorgt, dass es realisiert wird und mich damit viel beschäftigt. Es war und ist eine Anmaßung, über das Leben anderer zu entscheiden, auch wenn sie dazu vielleicht nur eingeschränkt in der Lage sind, aus welchen Gründen auch immer. Leben steht für sich, das sind ethische Grundsätze. Aber du siehst das *Bureau des Suicides* nicht nur unter der Überschrift des Selbstmordes, sondern auch der Sterbebegleitung?

V.F.: Art is a place where it is possible to live again. I wanted to emphasise the freedom of the individual. I find that particularly important. We cannot say that we are free, and yet that someone who is seriously ill is not assured this freedom of self-determination. There is this "Exit" organisation in Switzerland, and I made a small painting of this. "Exit" is an office where one can say the following when one is seriously ill: "I don't want to go on."

A.T.: In the process, I also think immediately about the theme of euthanasia… I co-initiated the *Denkzeichen*[4] in Berlin-Buch and ensured that the project was realised. I was quite involved with this. It was and remains presumptuous to decide over the lives of others, even if they are perhaps restricted in their capability to do this themselves, for whatever reasons. Life stands for itself; these are ethical principles. However, you do not simply see the *Bureau des Suicides* as existing under the category of suicide, but also of assisted suicide?

V.F.: Yes, this too, of course. It is principally like the *Poulinière*—it is a rule that is defined in advance. As a citizen forced to observe the laws defined in the constitution, we are, like in all democracies, also constantly subject to rules.

A.T.: However, I am also interested in learning what you ultimately understand under the term suicide. For me there are two things. First, suicide, the killing of the self, as a result of everyday life or a depression, world-weariness. Second, active assisted suicide for those who are truly ill.

V.F.: "Exit" in Zurich is in this sense not a form of assistance, it is really an act of will. You must autonomously swallow a pill, of course. Assisted suicide is another topic. I would not comprehend this as suicide. I am interested in the freedom of the individual, about their being able to decide over their life until the end. This is because one is not free in society in this sense, actually. We were also not asked whether we wished to enter this world. Everything is subjected to ritualisation, and I would like to create a platform for examination. The *Bureau des Suicides* should be understood as a platform, and not, like "Exit", as a setting for assisted suicide. It is more about a discourse at an intellectual level that can

---

V.F.: Ja auch, natürlich. Es ist im Grunde wie die *Poulinière* – es ist eine Regel, die im Voraus festgelegt wird. Als Bürger*innen, die sich an die in der Verfassung festgelegten Gesetze halten müssen, sind wir – wie in allen Demokratien – ebenfalls ständig Regeln unterworfen.

A.T.: Mich würde aber nochmals interessieren, was du unter dem Begriff Suizid wirklich verstehst. Für mich sind es zwei Dinge – zum einen der Selbstmord, die Selbsttötung, aus dem Alltag oder einer Depression, Lebensmüdigkeit heraus, zum anderen eine aktive Sterbebegleitung für die wirklich sehr Kranken.

V.F.: „Exit" in Zürich ist in dem Sinne keine Begleitung, das ist wirklich ein Willensakt. Du musst selbstverantwortlich eine Tablette schlucken. Eine Sterbebegleitung hingegen ist ein anderes Thema, das würde ich nicht als Suizid verstehen. Es geht mir um die Freiheit des Einzelnen, über sein Leben bis zum Ende selbst zu entscheiden. Denn man ist eigentlich nicht derart frei in dieser Gesellschaft. Wir wurden auch nicht gefragt, ob wir uns wünschen, in diese Welt zu kommen. Alles ist einer Ritualisierung unterworfen und ich möchte eine Plattform der Auseinandersetzung schaffen. Das *Bureau des Suicides* versteht sich als Plattform und nicht wie „Exit" als ein Handlungsort der Selbsttötung. Es geht eher um einen Diskurs auf einem intellektuellen Niveau, der auch politische, auch durchaus störende Gedanken zulassen kann, der Diskussionen über diese Begrenzungen der Freiheit führt, und auch Beispiele aus der Kunstwelt berücksichtigt. Man denke an die vielen erfolgreichen Künstler*innen, die sich auch getötet haben.

A.T.: Dieses Thema unter der Überschrift der „Freiheit des Einzelnen" gegenüber dem Recht der Gesellschaft, einzugreifen, zu thematisieren, empfinde ich als wichtigen Aspekt. – Ein Raum der Galerie wird durch das Bild *Kosmos* oder *Universum* bestimmt, das du extra für die Ausstellung gemalt hast, das die Wand komplett ausfüllt und damit den gesamten Raum dominiert. Was war deine Intention dabei?

V.F.: Zum Thema des Exils, wozu ich die anderen Künstler*innen mit einer Arbeit einladen möchte, wollte ich auch etwas beitragen. Ich wollte auf unsere allgemeine Fragilität hinweisen und zeigen, dass wir auf dieser Erde sind und zugleich in der Unendlich-

also allow political, even quite disturbing thoughts, that guides discussions beyond these boundaries of freedom, and considers examples from the art world. Think of the many successful artists who have killed themselves.

A.T.: I see intervening with this theme under the motto of the "freedom of the individual" in opposition with the rights of society and making it a theme to be an important aspect. A room of the gallery is defined by the painting *Kosmos* (cosmos), or *Universum* (universe), which you painted specifically for the exhibition, which completely fills the wall and thus dominates the entire room. What was your intention here?

V.F.: I also wanted to contribute something on the theme of exile, where I hope to invite the other artists to participate with one work. I wanted to refer to our general fragility and show that we are on this earth and at the same time lost in eternity. In 2012, I began a cycle with the title *Fragment*s. These involve excerpts of the universe, thus a process like that for the present *Kosmos*. We also find ourselves in a kind of exile at the centre of the universe.

A.T.: One can in a sense submerge into it, also feel like a small part of this gigantic universe, so to speak, and perhaps also sense the insignificance of the individual in contrast with the larger whole.

V.F.: Yes, it should suggest the infinite, on the wall, without a frame, without an end or a beginning, as an excerpt…

A.T.: It is a mural that dominates the entire room, thus not a panel painting in the classic sense—it is a spatial installation. In one room of the gallery, you also show a display case with drawings and sketchbooks that originated in advance of the exhibition and show the process of approaching and examining the theme. Are these notations or do you also see an autonomous value of the drawings in this work?

V.F.: No, they are only "witnesses", because the concept of the exhibition aims to a great extent at the development of a process that extends from the initial idea to its realisation. In this sense, this display case construct should provide a kind of introduction to the story of the *Poulinière* and explain why it is not

keit verloren. 2012 hatte ich einen Zyklus mit dem Titel *Fragments* begonnen. Es handelt sich um Ausschnitte des Universums, also um einen ähnlichen Prozess wie beim jetzigen *Kosmos*. Wir befinden uns ja auch in einer Art Exil mitten im Universum.

A.T.: Man kann quasi darin eintauchen, sich sozusagen auch als kleinen Teil dieses riesigen Universums fühlen und vielleicht auch die Geringfügigkeit des Einzelnen gegenüber dem Großen und Ganzen spüren.

V.F.: Ja, es soll das Unendliche suggerieren, auf der Wand, ohne Rahmen, ohne Ende und Anfang, als Ausschnitt...

A.T.: Es ist ja ein Wandbild, das den gesamten Raum dominiert, also kein Tafelbild im klassischen Sinne – eigentlich ist es eine räumliche Installation.
Du zeigst in einem Raum der Galerie auch eine Vitrine mit Zeichnungen und Skizzenbüchern, die im Vorfeld der Ausstellung entstanden sind und den Prozess der Annäherung und Auseinandersetzung mit dem Thema zeigen. Sind das Notate oder siehst du hier auch einen eigenständigen Wert der Zeichnungen in deinem Werk?

V.F.: Nein, sie sind nur „Zeugen", denn das Konzept der Ausstellung zielt zu einem großen Teil auf die Entwicklung eines Prozesses, der von der ersten Idee bis zu ihrer Umsetzung reicht. In diesem Sinne soll diese Vitrinenkonstruktion eine Art Einführung zur Geschichte der *Poulinière* geben und erklären, warum sie nicht zufälliger Bestandteil der Ausstellung ist, sondern ihr wesentlicher Akteur...

A.T.: Also sind es zusätzliche Informationen, die den Prozess noch einmal deutlich machen. Aber unabhängig von der Vitrine, welche Rolle spielt die Zeichnung in deinem Werk?

V.F.: Eine sehr wichtige Rolle. Mit Ausnahmen, wo sie ein Werk bilden, wie zum Beispiel bei *Le petit théâtre de la vie* [5], sind meine Zeichnungen Notizen für mich, sie sind freier. Aber ich möchte in meiner Malerei so frei werden, wie ich es in meinen Skizzen bin.

a coincidental element of the exhibition, but instead its central actor...

A.T.: These are thus additional items of information that make the process even clearer. However, irrespective of the display case, what role does the drawing play in your work?

V.F.: An especially important role. With exceptions, where the drawings form a work, for example, with *Le petit théâtre de la vie* [5], they are notes for my own use, they are freer. However, I want to be as free in my painting as I am in my sketches.

---

5 *Le petits théâtre de la vie* – eine Serie von Zeichnungen, die seit 2012 entstehen.
——
Das Gespräch wurde am 23. April 2020 im Atelier von Valérie Favre in Berlin-Wedding geführt.

5 *Le petits théâtre de la vie*—a series of drawings that have been in progress since 2012.
——
The discussion took place on 23 April 2020 in the studio of Valérie Favre in Berlin-Wedding.

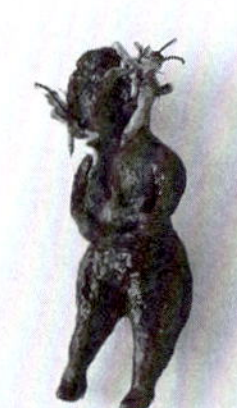

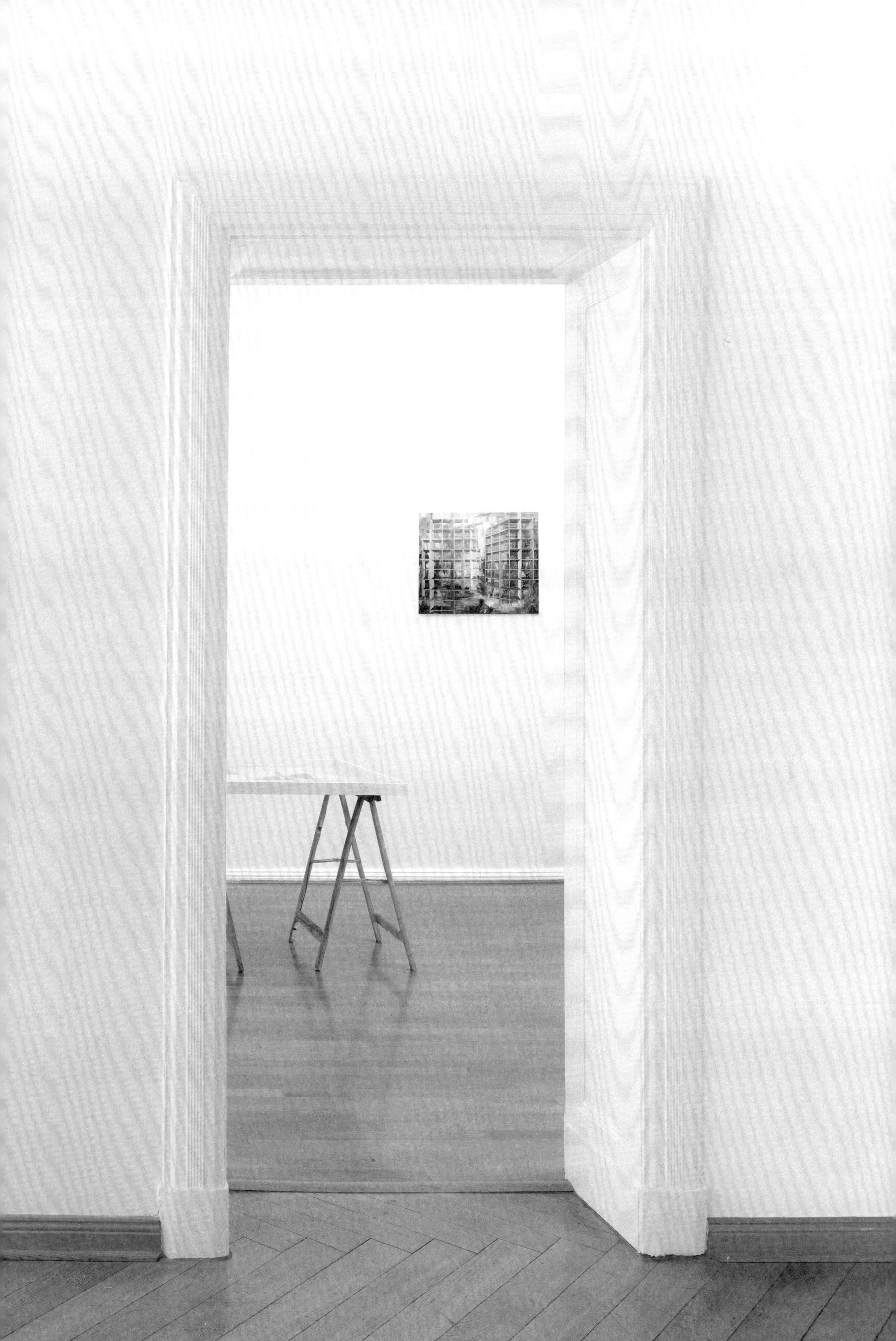

Valérie Favre

1959 in der Schweiz geboren, avanciert Valérie Favre nach ihrer anfänglichen Theater- und Filmlaufbahn in Paris zu einer der wichtigsten Malerinnen Frankreichs und erlangte darüber hinaus international Ankerkennung. 1998 übersiedelte sie nach Berlin, wo sie seit 2006 als Professorin an der Universität der Künste lehrt. Thematische Schwerpunkte aus der Kunstgeschichte, der Literatur, der Philosophie, dem Theater und dem Film prägen ihr Werk.

In ihren Gemälden untersucht Favre Themen wie die Rolle der Künstlerin in der Gesellschaft oder die traditionelle Zuordnung von Geschlechterrollen in immer neuen Kompositionen.

Ausgewählte Ausstellungen: *Diversity United. Moscow. Berlin. Paris*, Neue Tretjakow-Galerie, Moskau (2021); Sprengel Museum Hannover (2020); *Actually, the Dead Are Not Dead*, Bergen Assembly (2019); Württembergischer Kunstverein Stuttgart (2019/2020); Neue Galerie, Gladbeck, (2018); Musée d'art, Neuenburg (2017); Musée d'art moderne et contemporain, Straßburg (2015); Neuer Berliner Kunstverein, Berlin (2013); Kunstmuseum Luzern (2010). Im Jahr 2012 wurde Valérie Favre für den renommierten Prix Marcel Duchamp in Frankreich nominiert.

Valérie Favre wird von den Galerien Barbara Thumm in Berlin, Peter Kilchmann in Zürich und der Galerie C in Paris vertreten.

Asana Fujikawa

Asana Fujikawa, 1981 in Tokio, Japan geboren, arbeitet als freischaffende Künstlerin in Hamburg. Von 1999 bis 2003 studierte sie Kunst und Lehramt an der Nagoya Zokei University in Aichi, Japan. 2007/2008 war sie Gaststudentin der freien Kunst an der Hochschule für Bildende Künste Dresden, 2008/2009 an der Weißensee Kunsthochschule Berlin bei Professor Hanns Schimansky. Von 2009 bis 2014 studierte sie freie Kunst an der Hochschule für bildende Kunst Hamburg und erhielt ihren Master bei Professor Matt Mullican. In druckgrafischen Bildfolgen, die an die Tradition japanischer Holzschnitte anknüpfen, und in ihren märchenhaften keramischen Figuren verbindet sie japanische und europäische Mythologie mit aktuellen Aspekten.

www.valeriefavre.net

Valérie Favre

Born in Switzerland in 1959, Valérie Favre advanced to become one of the most important painters in France after her initial theatre and film career in Paris and also achieved international recognition. In 1998, she moved to Berlin, where she has been a professor at the University of the Arts since 2006. Thematic focal points from art history, literature, philosophy, theatre and film shape her work.

In her paintings, Favre examines topics such as the role of the artist in society or the traditional assignment of gender roles in ever new compositions.

Selected exhibitions: *Diversity United. Moscow. Berlin. Paris*, New Tretyakov Gallery, Moscow (2021); Sprengel Museum Hannover (2020); *Actually, the Dead Are Not Dead*, Bergen Assembly, (2019); Württembergischer Kunstverein Stuttgart (2019/2020); Neue Galerie, Gladbeck (2018); Musée d'art moderne et contemporain, Strasbourg (2015); Neuer Berliner Kunstverein, Berlin (2013); Lucerne Art Museum (2010). In 2012 Valérie Favre was nominated for the prestigious Prix Marcel Duchamp in France.

Valérie Favre is represented by Galerie Barbara Thumm Berlin, Gallery Peter Kilchmann Zurich and Galerie C Paris.

Asana Fujikawa

Asana Fujikawa, born in 1981 in Tokyo, Japan, works as a freelance artist in Hamburg. From 1999 to 2003, she studied art and teaching at Nagoya Zokei University in Aichi, Japan. In 2007/2008, she was a visiting student of fine arts at the Dresden Academy of Fine Arts and in 2008/2009 at the Weißensee Kunsthochschule Berlin with Professor Hanns Schimansky. From 2009 to 2014, she studied fine arts at the Hamburg University of Fine Arts and received her master's degree under Professor Matt Mullican. She combines Japanese and European mythology with contemporary aspects in print-graphic image sequences that tie in with the tradition of Japanese woodcuts and in her fairytale ceramic figures.

www.asanafujikawa.com

Robert Gabris

Robert Gabris, geboren 1986 in Hnúšťa Likier, Slowakei, lebt und arbeitet als freischaffender Künstler in Wien. Er absolvierte 2010 die Akademie für Angewandte Kunst in Bratislava und erhielt 2015 sein Diplom an der Akademie der bildenden Künste in Wien. Gabris beschreibt den Inhalt seiner Arbeit als eine kritische Konfrontation mit Identitätsproblemen, insbesondere verschiedener Gruppen, die von der Gesellschaft ausgeschlossen sind. Ausgangspunkt seiner Arbeit sind neue experimentelle Formen des Zeichnens als Widerstand gegen Ausgrenzung und Rassismus.

Seine Strategie ist visuelles *Empowerment*. Das Medium der Wahl ist das konzeptionelle Zeichnen und seine experimentelle Umsetzung, die Dekonstruktion von Formen und das Bestreben, alle möglichen Grenzen zu überschreiten.

Vanna Karamaounas

Vanna Karamaounas ist griechisch-schweizerischer Herkunft und wurde 1959 in Genf geboren. Sie studierte Kunstgeschichte und Politikwissenschaft an der Universität Genf. Ihre Leidenschaft für die Fotografie führte sie zu mehreren Studienreisen ins Ausland: Athen, Rom, Moskau, New York und Singapur. Nach ihrer Rückkehr beschloss sie, sich ganz dieser Kunst zu widmen. Von 1999 bis 2017 stellte sie unter dem Künstlernamen Iseult Labote aus. Fernab jeglicher Inszenierung fixieren ihre Fotografien Motive, „die vom tragischen Gefühl des Verlustes bedroht sind."

Thomas Macho

Thomas Macho, 1952 in Wien geboren, ist Direktor des Internationalen Forschungszentrums Kulturwissenschaften in Wien. Er wurde 1976 *Zur Dialektik des musikalischen Kunstwerks* an der Universität Wien promoviert und habilitierte sich 1983 mit der Schrift *Von den Metaphern des Todes. Eine Phänomenologie der Grenzerfahrung* in Klagenfurt im Fach Philosophie. Von 1993 bis 2016 war Macho Professor für Kulturgeschichte an der Humboldt-Universität zu Berlin, wo er das interdisziplinäre Hermann von Helmholtz-Zentrum für Kulturtechnik mitgründete. Machos Fachbuch *Das Leben nehmen. Suizid in der Moderne* (Berlin 2017) als Ansatz, den Suizid aus kulturwissenschaftlicher Sicht zu analysieren, gilt als „derzeit einmalig".

www.robertgabris.com
www.iseultlabote.com

Robert Gabris

Robert Gabris, born in 1986 in Hnúšťa Likier, Slovakia, lives and works in Vienna as a freelance artist. He graduated (B.A.) from the Academy for Applied Arts in Bratislava in 2010 (SK) and received his Diploma (Mag.art.) from the Academy of Fine Arts in Vienna in 2015 (AT). Gabris describes the content of his work as a critical confrontation with identity issues, especially confrontations between different groups that are excluded from society. The starting point of his work is new experimental forms of drawing as resistance to exclusion and racism. His strategy is visual empowerment. The medium of choice is conceptual drawing and its experimental implementation, the de-construction of forms and the quest to push all possible limits.

Vanna Karamaounas

Vanna Karamaounas is of Greek-Swiss origin and was born in Geneva in 1959. She studied art history and political science at the University of Geneva. Her passion for photography led her to several study trips abroad: Athens, Rome, Moscow, New York and Singapore. After her return she decided to devote herself entirely to this art form. From 1999 to 2017, she exhibited under the artist name Iseult Labote. Far from being staged, her photographs fix motifs "that are threatened by the tragic feeling of loss".

Thomas Macho

Thomas Macho, born in Vienna in 1952, is director of the International Research Center for Cultural Studies in Vienna. He received his doctorate in 1976 on the subject of the dialectic of musical work at the University of Vienna. He completed his habilitation in philosophy in Klagenfurt in 1983 with the work *Von den Metaphern des Todes. Eine Phänomenologie der Grenzerfahrung* (On the Metaphors of Death. A phenomenology of borderline experience). From 1993 to 2016, Macho was Professor of Cultural History at the Humboldt University in Berlin, where he co-founded the interdisciplinary Helmholtz-Zentrum für Kulturtechnik. Macho's book *Das Leben nehmen. Suizid in der Moderne* [Taking one's life. Suicide in the modern age] (Berlin 2017) is considered "presently unique" as an approach to analysing suicide from a cultural-scientific perspective.

https://de.wikipedia.org/wiki/Thomas_Macho

Driss Ouadahi

Driss Ouadahi, 1959 in Casablanca, Marokko geboren, lebt und arbeitet in Düsseldorf. Er belegte von 1979 bis 1982 ein Studium der Architektur am Institut National de Formation en Batiment in Algier. Von 1984 bis 1987 erhielt er eine Ausbildung an der École Supérieure des Beaux Arts, Algier und von 1988 bis 1994 an der Kunstakademie Düsseldorf. Ouadahis Arbeiten verbinden abstrakte architektonische Formensprache mit realen Wohnstrukturen, die er in Europa und Afrika vorfindet. In seinen Werken beschäftigt er sich auch mit Fragen von Klassen-, Religions- und ethnischer Zugehörigkeit, die sich auf das Empfinden von Grenzen und Anderssein des Individuums beziehen.

Anna Schapiro

Anna Schapiro, geboren 1988 in Moskau, lebt derzeit in Berlin, studierte bildende Kunst an der Hochschule für Bildende Künste Dresden sowie an der Universidade do Porto, Portugal (2009–2013). Sie war Meisterschülerin bei Professor Ulrike Grossarth (2013–2017), lehrte an der Muthesius Kunsthochschule Kiel (2016–2017) und studierte Jüdische Studien am European Institute for Jewish Studies, Stockholm (2017–2018). Ihr Interesse gilt sowohl bildnerischen als auch gesellschaftlichen Transformationsprozessen. Anna Schapiro ist Mitbegründerin und Mitherausgeberin der 2016 gegründeten Zeitschrift *Jalta – Positionen zur jüdischen Gegenwart* (Neofelis) und Mitglied im Ministerium für Mitgefühl.

Geraldine Spiekermann

Geraldine Spiekermann, geboren 1974 in Hagen, lebt in Berlin, und ist als Kunsthistorikerin an der Universität Potsdam am Institut für Künste und Medien tätig. Sie ist Mitherausgeberin von *Tränen* (München 2008, mit Beate Söntgen), Autorin von *Tränen in der modernen Kunst*, Diss. Humboldt-Universität zu Berlin, 2012 (online) sowie weiterer Buchbeiträge wie bspw. „Unica Zürn", in: B. Kennedy, J. Mackenrodt (Hg.): *I Love Women in Art. 100 Künstlerinnen vorgestellt von Frauen aus Kunst und Kultur,* München 2020 und „Fotografierte Gefühle. Von der Ausdruckstheorie zur Eindrucksanalyse", in: H. Kappelhoff u.a. (Hg.): *Emotionen. Ein interdisziplinäres Handbuch*, Stuttgart 2020.

Driss Ouadahi

Driss Ouadahi, born in 1959 in Casablanca, Morocco, works and lives in Düsseldorf. From 1979 to 1982, he studied architecture at the Institut National de Formation en Batiment in Algiers. From 1984 to 1987, he was educated at the École Supérieure des Beaux Arts, Algiers and from 1988 to 1994 at the Düsseldorf Art Academy. Ouadahi's work features abstracted architectural forms found in real Algerian housing structures. Themes in his works revolve around politics of class, religion and ethnicity relating to ideas of boundaries and otherness.

Anna Schapiro

Anna Schapiro, born in 1988 in Moscow, currently lives in Berlin. She studied Fine Arts at the Dresden Academy of Fine Arts and at the Universidade do Porto, Portugal (2009-2013). She was a master student of professor Ulrike Grossarth (2013-2017), taught at the Muthesius Academy of Fine Arts Kiel (2016-2017) and studied Jewish Studies at the European Institute for Jewish Studies, Stockholm (2017-2018). Schapiro is interested in both artistic and social transformation processes. Anna Schapiro is co-founder and co-editor of the journal *Yalta—Positions on the Jewish Present* (Neofelis), which was founded in 2016. She is part of the collective Ministry of Compassion.

Geraldine Spiekermann

Geraldine Spiekermann, born in 1974 in Hagen, lives in Berlin and works as an art historian at the University of Potsdam in the Institute for Arts and Media. She is co-editor of *Tränen* (Munich 2008, with Beate Söntgen), author of *Tränen in der modernen Kunst* (Tears in modern art), Diss. Humboldt-Universität zu Berlin, 2012 (online) and other book contributions such as "Unica Zürn", in: B. Kennedy, J. Mackenrodt (ed.): *I Love Women in Art. 100 Künstlerinnen vorgestellt von Frauen aus Kunst und Kultur* (I Love Women in Art. 100 artists presented by women from art and culture), Munich 2020 and "Fotografierte Gefühle. Von der Ausdruckstheorie zur Eindrucksanalyse" (Photographed feelings. From expression theory to perceptual analysis), in: H. Kappelhoff et al. (ed.): *Emotionen. Ein interdisziplinäres Handbuch* (Emotions. An interdisciplinary handbook), Stuttgart 2020.

Valérie Favre möchte sich bedanken bei: Dominique Krauch für die Näharbeit; Suzanne Zeile und Ingo Fröhlich für die Tischlereiarbeiten; Svenja Schuhbauer und Sabine Slanina für die Organisation; Nico Huch für die Atelierassistenz; Meret Freisen für die fotografische Dokumentation; der Sammlung Wemhöner für die Leihgabe des Werkes *Kosmos*

Valérie Favre would like to thank: Dominique Krauch for sewing; Suzanne Zeile and Ingo Fröhlich for the carpentry work; Svenja Schuhbauer and Sabine Slanina for the organisation; Nico Huch for the studio assistance; Meret Freisen for photographic documentation; Collection Wemhöner for the loan of the work *Kosmos*

EXIL 1   EXIL 1

Driss Ouadahi
Asana Fujikawa

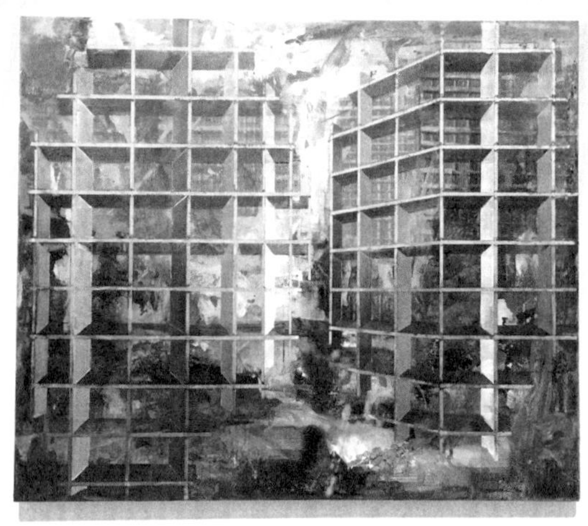

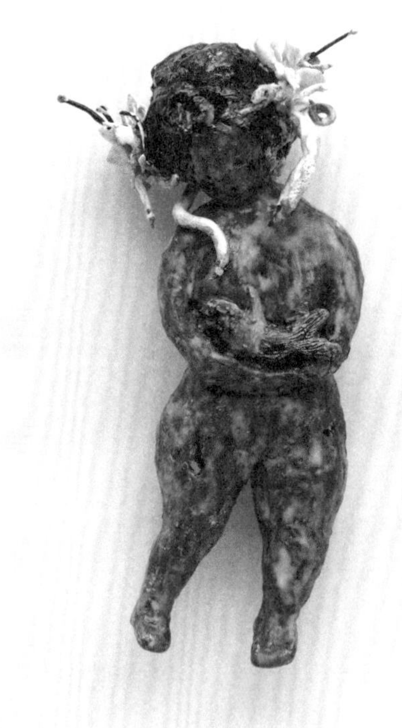

EXIT, 2020, Öl auf Leinwand oil on canvas,   Medusa mit ihrem Kind Medusa with her child, 2019,
50 x 60 cm   Keramik ceramic, glasiert glazed, 25 x 14 x 7 cm

EXIL 2   EXIL 2

Robert Gabris

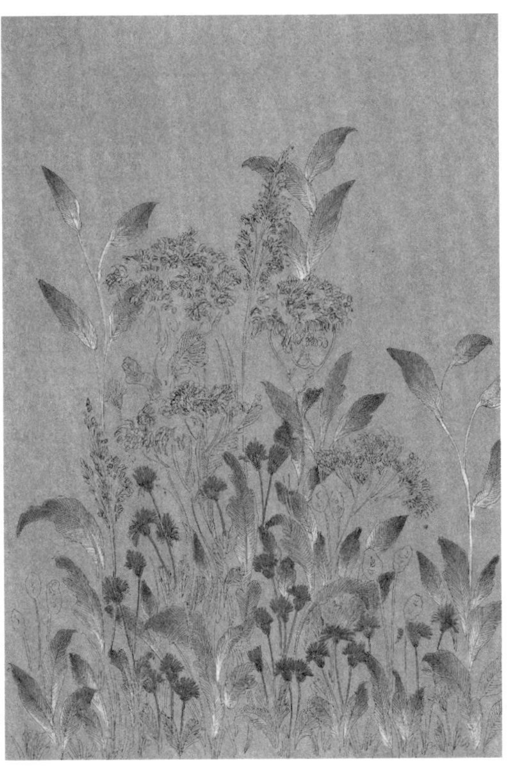

Tajsa, 2019, Farbstifte und Fineliner auf Papier,
29 x 21 cm. Tajsa ist die Verbindung zwischen ges-
tern und morgen, gegenwärtige Energie zwischen dir
und mir. Kraft, Schönheit, Zerbrechlichkeit. Tajsa
ist der unendliche Kreis der Liebe. Wir, die Roma-
Familie, haben den Geist des Tajsa in unserer Seele,
in unserem Körper. Tajsa bringt uns zusammen, um zu
feiern, was wir sind. Zusammen sind wir Tajsa.

Tajsa, 2019, coloured pencils and fineliner on
paper, 29 x 21 cm. Tajsa is the connection between yesterday and tomorrow, present energy between
you and me. Power, beauty, fragility. Tajsa is the
never-ending circle of love. We, the Roma family,
have the spirit of Tajsa in our mind, our
bodies. Tajsa brings us together to celebrate,
what we are. Together, we are Tajsa.

EXIL 2   EXIL 2

Anna Schapiro
Vanna Karamaounas [Iseult Labote]

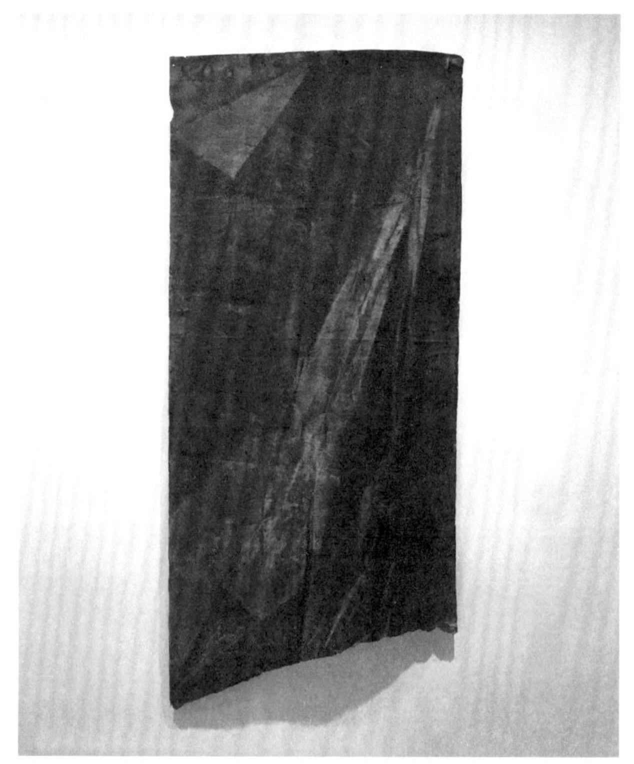

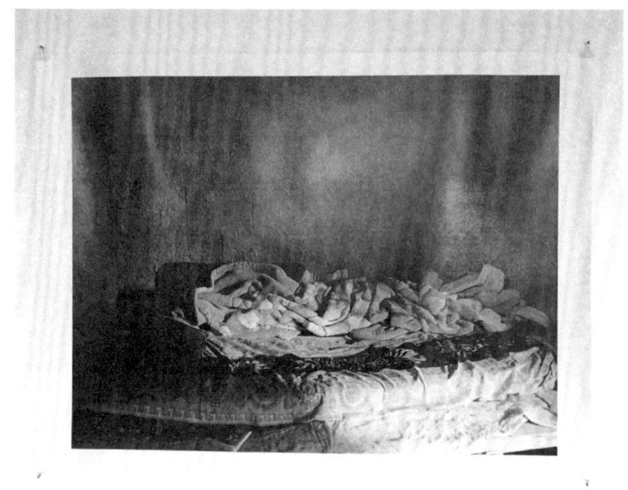

ohne Titel untitled, Reispapier rice paper,   Série Exo Mattresses, n°V, 2015, C-Print,
Tusche ink, 2019, 203 x 95 cm   110 x 150 cm

EXIL 1 & 2   EXIL 1 & 2

Valérie Favre

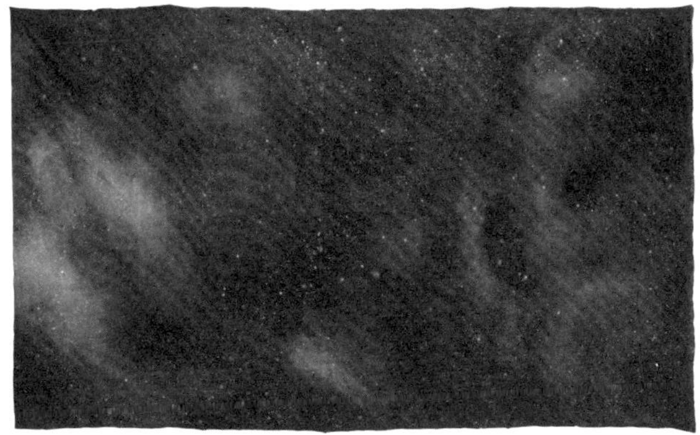

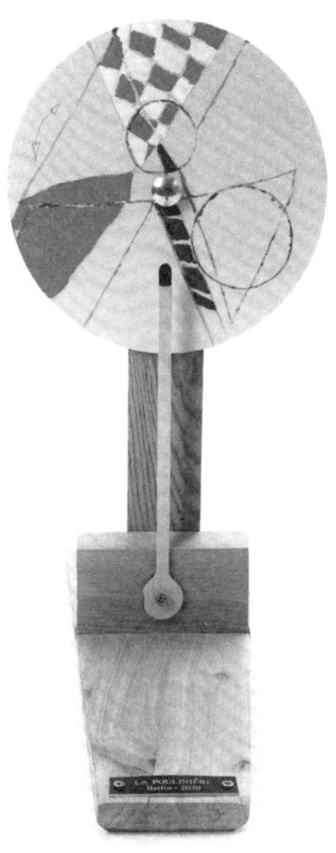

Kosmos, 2020, Tusche auf Baumwolle ink on cotton, 370 x 580 cm, Sammlung Collection Wemhöner

La Poulinière, 2020, Mischtechnik Mixed media, 20 Scheiben discs, 30 x 33 x 16 cm

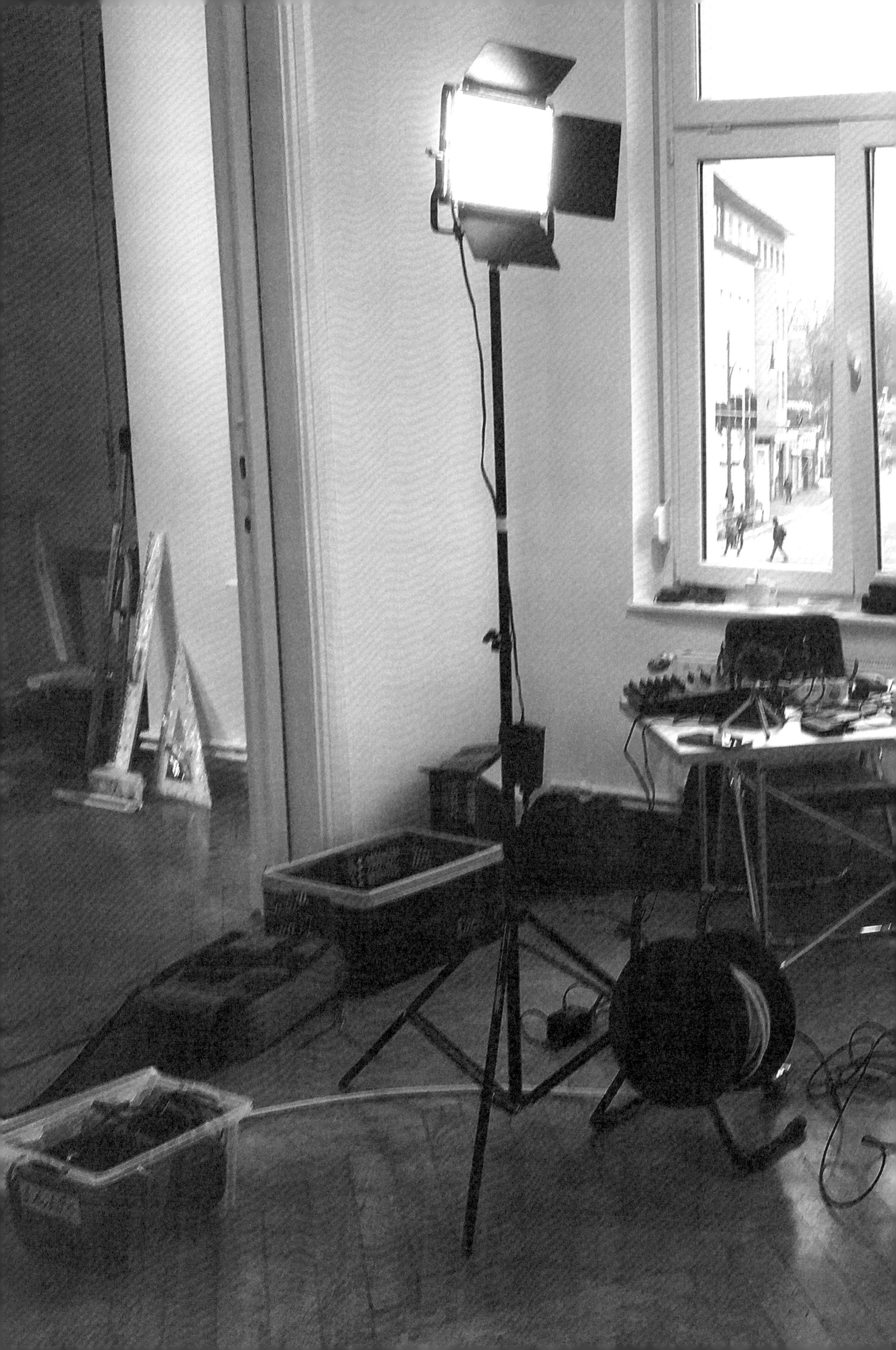

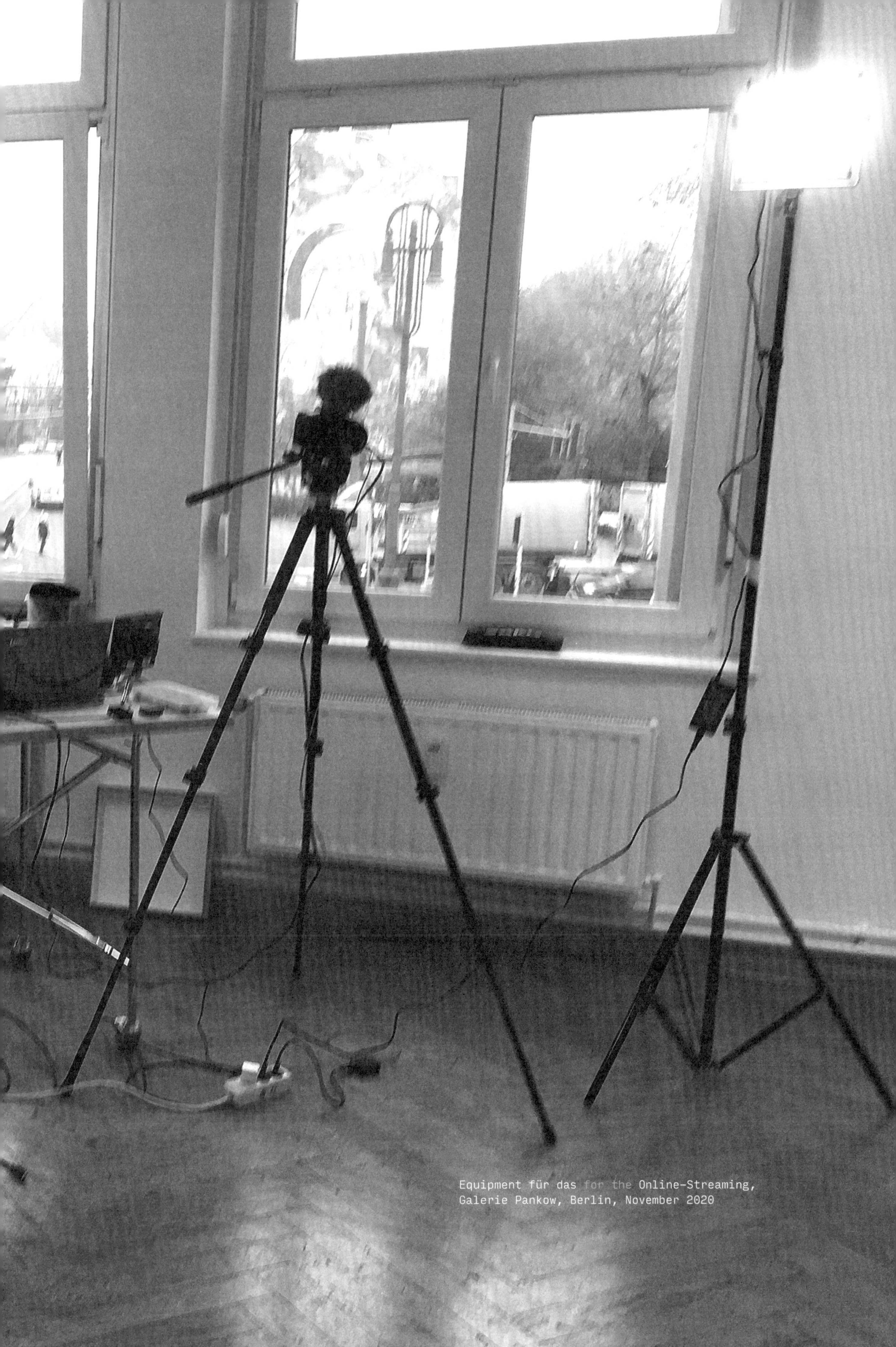
Equipment für das for the Online-Streaming,
Galerie Pankow, Berlin, November 2020

<u>Impressum</u> <u>Colophon</u>

Diese Publikation erscheint anlässlich der Ausstellung:
This publication is being released to accompany the exhibition:

VALÉRIE FAVRE.
VALÉRIE / PLATTFORM 1 / EXIL
10.11.2020 — 17.01.2021

Galerie Pankow
Breite Str. 8
13187 Berlin
Germany
+49 30 47 53 79 25
+49 30 48 62 17 09 (F)
www.galerie-pankow.de
www.berlin.de/kunst-kultur-pankow/einrichtungen/galerie-pankow/

Herausgeber Editor
Annette Tietz
Galerie Pankow für das Bezirksamt Pankow von Berlin

Mit freundlicher Unterstützung durch die Senatsverwaltung
für Kultur und Europa Ausstellungsfonds Kommunaler Galerien

Redaktion Editorial staff
Valérie Favre

Gestaltung Design
Glenn Vincent Kraft, Kraft plus Wiechmann

Lektorat Copyediting
Anke Paula Böttcher, Kenneth Friend

Übersetzungen Translations
Kenneth Friend

Fotos Photos
Valérie Favre, Meret Freisen, Angela Lammert,
Enkidu Leyendecker, Uwe Walter

Projektmanagement Project Management Kerber Verlag
Lydia Fuchs

Herstellung Production Kerber Verlag
Jens Bartneck

Gesamtherstellung Printed and published by
Kerber Verlag
Windelsbleicher Str. 166–170
33659 Bielefeld
Germany
+49 521 950 08 10
+49 521 950 08 88 (F)
info@kerberverlag.com
kerberverlag.com

Kerber Publikationen werden weltweit vertrieben:
Kerber publications are distributed worldwide:

ACC Art Books
Sandy Lane
Old Martlesham
Woodbridge, IP12 4SD
UK
+44 1394 38 99 50
+44 1394 38 99 99 (F)
accartbooks.com
uksales@accartbooks.com

Artbook | D.A.P.
75 Broad Street, Suite 630
New York, NY 10004
USA
+1 212 627 19 99
+1 212 627 94 84 (F)
artbook.com
orders@dapinc.com

AVA Verlagsauslieferung AG
Centralweg 16
8910 Affoltern am Albis
Switzerland
+41 44 762 42 50
+41 44 762 42 10 (F)
avainfo@ava.ch

KNV Zeitfracht
Verlagsauslieferung
kerber-verlag@knv-zeitfracht.de

Die Deutsche Nationalbibliothek verzeichnet diese
Publikation in der Deutschen Nationalbibliografie: dnb.de.
The Deutsche Nationalbibliothek lists this publication
in the Deutsche Nationalbibliografie: dnb.de.

www.kerberverlag.com

Printed in Germany

www.valery-plattform1-exil.de

ISBN 978-3-7356-0711-9